LE PÈRE SIGIS

SAINT-DIÉ. — TYPOGRAPHIE L. HUMBERT.

ÉTUDES HISTORIQUES

SUR LE DIOCÈSE DE SAINT-DIÉ

LE PÈRE SIGIS

ÉPISODE DE LA RÉVOLUTION

SAINT-DIÉ. — IMPRIMERIE L. HUMBERT.

***

Nous publions ici la biographie du Père Sigisbert Girot, mort curé de Châtenois en 1835.

Cette vie est en effet fort curieuse, et présente des épisodes d'un intérêt émouvant, nous dirions volontiers romanesque.

La notice qui servira de fond à notre travail a pour auteur M. Didier, mort curé de Jeuxey, élève du Père Sigisbert. Elle a été mise obligeamment à notre disposition par M. l'abbé Chapelier, curé de Jeanménil. Les lecteurs s'uniront à nous pour le remercier de sa gracieuse communication.

Nous modifierons le moins possible l'œuvre de M. Didier, mais nous la complèterons à l'aide des renseignements recueillis par divers ecclésiastiques dans les localités où a vécu le Père Sigis, et auprès des personnes qui l'ont connu.

LE PÈRE SIGIS

ÉPISODE DE LA RÉVOLUTION

I

Premières années du Père Sigis. — Son Entrée chez les Capucins.

Dominique Girot, en religion le Père Sigisbert, et par abréviation le Père Sigis, vint au monde le 17 janvier 1760 à Auzainvilliers, petit village du canton de Bulgnéville (1). Il fut baptisé le même jour, et eut pour parrain Dominique Girot d'Auzainvilliers, et pour marraine Françoise Guiot de Bulgnéville. Son père, appelé aussi Dominique, avait d'abord épousé Françoise Amiot, qui mourut en 1751, après lui avoir donné six enfants. Il épousa en secondes noces Thérèse Gouget, de Malaincourt, dont il en eut encore cinq. Le troisième, nommé Jean-Claude, naquit le 20 juillet 1755, et devint capucin sous le nom de Père Victorin. Quant à Dominique, celui qui fut le Père Sigis, il était le plus jeune de toute la famille.

Les parents de Dominique et de Jean-Claude Girot étaient pauvres, et l'on raconte que pendant une année de disette,

(1) Cette localité, fort ancienne, qu'on trouve mentionnée dans une bulle de Clément III en 1188, necomptait d'abord qu'un assez petit nombre d'habitants. Elle acquit un peu plus d'importance au XVIIe siècle, après l'incendie du village de Surcelles par les Suédois, mais elle formait depuis longtemps une paroisse, puisque l'abbé de Flabémont dont elle dépendait en nommait le curé depuis l'an 1330. (*Charte de Thomas, évêque de Toul, dans les Preuves du 1er vol. des* **Annales Præmonstratenses**.

les deux frères durent aller mendier jusqu'à Morville. Afin de venir en aide à ses parents, le jeune Dominique apprit le métier de tisserand qu'exerçait déjà son père. Pourtant, il se sentait des dispositions pour l'étude et de l'attrait pour la vie religieuse.

C'est pourquoi, au lendemain de sa première communion, et du consentement de ses parents, il se rendit chez M. Chermisey, prêtre demeurant alors à Sandaucourt, et y commença l'étude de la langue latine. Soit à cause du mauvais état de santé de cet ecclésiastique, soit parce que de 1775 à 1777, M. Chermisey fut vicaire à Mandres, Dominique revint chez son père et supplia M. l'abbé Michel, curé de Surcelles et d'Auzainvilliers, de lui continuer ses leçons de latin et de grec. M. l'abbé Michel y consentit, et chaque soir, le jeune étudiant venait au presbytère rendre compte à son maître de ce qu'il avait appris. Il préparait ses devoirs d'écolier d'une façon fort originale, mais extrêmement édifiante. Pour ne point être à charge à ses parents pauvres, il menait de front son travail de tisserand et son apprentissage classique; il tenait ouverte sa grammaire sur sa toile, près du métier, et tout en passant et en repassant la navette à travers la chaîne du fil, ou la trame, il lisait, puis relisait par de rapides intervalles, et fixait ainsi dans sa mémoire les règles rudimentaires. Le Père Victorin, frère du Père Sigis, avait usé de la même tactique, et devint dans la suite un savant et éloquent religieux. Ces détails sur les premières études du Père Sigis ont été recueillis par un de ses anciens élèves, M. l'abbé Huot, mort curé de Charmes.

Dominique Girot avait conservé son goût pour la vie religieuse. Il se présenta d'abord chez les Bénédictins, mais ce n'était point là que Dieu le voulait, car après avoir passé quelque temps chez eux, il fut congédié par les Supérieurs, qui lui remirent un certificat fort élogieux.

Muni de cette pièce, Dominique Girot vint frapper à la porte du couvent des Capucins de Nancy, où se trouvait déjà son frère, le Père Victorin. On lui fit bon accueil, et on le dirigea sur Pont-à-Mousson, pour y faire son noviciat et s'appliquer à la théologie. Quand il revint à Nancy, pour y recevoir l'ordination sacerdotale, sa réputation de vertu et de prudence était déjà si bien établie, qu'au sortir de la cérémonie, le Père gardien du couvent le pria d'entendre sa confession.

Les Supérieurs des Pères Sigis et Victorin, ajoute M. Durand, ancien curé de Saint-Christophe, à Neufchâteau, et élève lui aussi du Père Sigis, avaient reconnu dans ces deux jeunes religieux beaucoup d'aptitude pour la théologie, et les destinaient à l'enseignement. D'après leurs vues, le Père Sigis devait professer la théologie morale et le Père Victorin la théologie dogmatique. On les envoya donc à Bar-le-Duc suivre un cours spécial. Ce fut dans cette ville que la Révolution les surprit. Mais il paraît qu'ils se rendirent presque aussitôt à Nancy, puisque d'après le récit de M. l'abbé Didier, nous y trouvons le Père Sigis, au commencement de la Révolution, auteur d'un fait que nous devons raconter ici :

Le général de Bouillé, gouverneur de Metz, était venu à Nancy pour apaiser la révolte du régiment suisse, dit Château-Vieux. Un malheureux capitaine révolté, qui avait fait tirer sur la troupe fidèle, pénétra dans le jardin des Capucins et se réfugia dans leur maison, pour se soustraire aux châtiments qu'il méritait. A cette nouvelle, le Père Sigis sort du couvent et court donner l'absolution à six hussards, qui venaient d'être blessés par ce misérable, et qui se mouraient dans la rue.

La Révolution ne tarda pas à s'attaquer aux religieux. Ce fut pour le Père Sigis une occasion de manifester sa foi et son courage. En vertu du décret du 3 novembre 1789, le Commissaire du Gouvernement se présenta chez les Capucins, pour inventorier le mobilier de la maison et celui de la chapelle. Le P. Sigisbert disait la Messe. On voulait lui prendre le calice dont il se servait, mais il refusa de le livrer.

« Vous pouvez faire de moi tout ce que vous voudrez, s'écria-t-il, mais j'aimerais mieux mourir que de commettre une telle profanation. » Le bon Père en fut quitte toutefois pour des outrages et des insultes.

II

Le Père Sigis se retire à Auzainvilliers. — Ses Rapports avec MM. Beaudot et Lopin. — Commencements de sa vie errante. — Il se rend à Nancy déguisé en Marchand forain.

Après le décret du 13 février 1790, qui supprimait les ordres religieux, le Père Sigis se retira avec son frère à Auzainvilliers, dans la maison paternelle (1). De cette maison, comme d'un quartier général, les deux frères se répandirent dans le voisinage, pour exercer le saint ministère, partout où on réclamait leurs services.

M. Beaudot, mort chanoine à Saint-Dié, le 4 mars 1832, était à cette époque curé de Lemmecourt (2). Des raisons de santé l'ayant obligé de prendre une saison de bains, il pria d'abord le Père Victorin de garder sa paroisse. Mais celui-ci fut presque aussitôt saisi de la fièvre, et dut se faire remplacer par son frère, le Père Sigisbert.

Pendant son séjour à Lemmecourt, le Père Sigisbert fit une visite à des parents qu'il avait à Jainvillotte. M. Lopin, mort vicaire-général à Saint-Dié, était à cette épo-

(1) D'après les renseignements les plus certains, provenant d'un des petits-neveux du Père Sigis, habitant actuellement Auzainvilliers, cette maison, une des plus anciennes du village, serait la maison B. Elle est située à droite, sur la route de Sandaucourt. On y voit encore l'emplacement de trois métiers de tisserand.

(2) Lemmecourt, aujourd'hui annexe de Beaufremont, formait alors une paroisse.

que curé de cette paroisse. Surpris, comme beaucoup d'autres, il avait prêté serment à la Constitution civile du clergé. On fit des instances auprès du Père Sigisbert pour l'engager à faire une visite à M. le curé; mais il répondit que M. le curé ayant prêté serment, il ne pouvait communiquer avec lui. Ce propos fut aussitôt rapporté à M. Lopin, qui fut piqué au vif. On dit que dans un premier mouvement, il saisit sa calotte et la jeta sur la table en s'écriant : « Un capucin me fera-t-il donc la loi? » Mais quand le calme lui eut permis de réfléchir, il examina attentivement les termes et le sens du serment exigé par la Constitution civile du clergé, en découvrit tout le venin, le rétracta dès le lendemain à la Messe paroissiale et se disposa à partir pour l'émigration.

Le Père Sigisbert fut en cette rencontre l'instrument de la Providence. Son énergique fermeté hâta le retour, s'il ne le provoqua point, d'un homme appelé à rendre plus tard de grands services au diocèse de Saint-Dié. En disant quelques mots de M. Lopin, nous ne nous écarterons donc point de notre sujet.

Pendant les quelques jours que M. Lopin passa à Jainvillotte après la rétractation de son serment, il reçut à quatre reprises la visite de quatre forcenés qui venaient lui signifier de partir. Il leur parla avec fermeté et dignité, et ce ne fut que le samedi, veille de la Pentecôte, après avoir fait l'eau bénite, qu'il prit le chemin de l'exil. On raconte qu'un de ces misérables disait à ses compagnons : « Mais laissez donc M. le curé..... que voulez-vous qu'il devienne, ou qu'il aille..... il ne veut pas aller garder les c..... (pourceaux). » M. Lopin piqué de se voir ainsi tourné en dérision, par la lie de sa paroisse, reprit vivement : « Non, mais tenez, mon cher, quand cela serait, je n'en garderais pas d'aussi sales que ceux qui sont les produits de la Révolution. »

Ceci se passait en 1792. En effet, dans les registres de

la paroisse de Jainvillotte, on trouve encore la signature de M. Lopin, au mois de mars 1792. A partir de cette époque jusqu'à la fermeture des églises, les actes sont signés par un prêtre constitutionnel du nom de Salzard. M. Lopin revint en 1802 reprendre possession de sa cure, et il y demeura jusqu'en 1824, époque où Mgr Jacquemin l'appela à Saint-Dié, pour en faire son vicaire-général.

M. Lopin était d'un caractère très vif, bouillant. Nous avons pu le remarquer déjà. Il était bon cependant, mais sévère. Lorsque, comme vicaire-général, il interrogeait les séminaristes, on disait du pauvre examiné : il a été *lopiné*. On sait que les maréchaux, lorsqu'ils fabriquent des fers à cheval, avec des morceaux ou *lopins* de vieux fer, chauffent beaucoup et frappent longtemps sur ces fers.

Du serment et de la rétractation de M. Lopin, on ne trouve rien dans les registres paroissiaux de Jainvillotte. On sait seulement par la tradition, qu'après son serment et sa rétractation, ce vénérable prêtre partit pour l'émigration, se fixa d'abord à Trèves, et plus tard à Dillingen.

Malgré le regrettable silence des registres de Jainvillotte sur M. Lopin, vu l'énergie de cet homme converti grâce au Père Sigis, vu son émigration, et plus tard son élévation à la dignité de vicaire-général, il est plus que probable que sa rétractation fut très édifiante.

On jugerait mal nos prêtres de la Révolution, si l'on condamnait sans appel et sans miséricorde, tous ceux qui eurent le malheur de prêter le serment à la Constitution civile du clergé. Un grand nombre l'avaient fait par ignorance ou par faiblesse, et rachetèrent bientôt avec honneur un moment d'oubli. M. Lopin fut de ce nombre. Nous pouvons nous faire une idée des sentiments qui l'animaient au jour de sa rétractation, en relisant le discours prononcé, en pareille circonstance, par un de ses confrères, M. Mullot, curé de Sandaucourt de 1763 à 1791.

« Mes frères, disait-il, lorsque je voulus prêter le serment prescrit à tous les fonctionnaires publics, par les décrets de l'Assemblée nationale de France, je fis un petit discours préliminaire dans lequel, après vous avoir rendu compte de ma conduite à cet égard, j'exposai les conditions sous lesquelles j'allais prononcer le serment dont il s'agit; je vous déclarais alors que je voulais vivre et mourir dans la profession de la religion catholique, apostolique et romaine, et que pour cela, je voulais demeurer inviolablement attaché à la doctrine de l'Eglise universelle, pour en faire la règle de mes jugements et de ma conduite dans tous ses temps; je protestais que, moyennant le secours de la grâce, je ne me départirais jamais de ces sentiments, quand même il irait de ma vie. Vous voyez donc que par mon serment, je ne suis point obligé à maintenir la Constitution française dans les articles qui pourraient être contraires à la doctrine catholique romaine; ainsi, puisque le corps, c'est-à-dire le plus grand nombre, la presque totalité des Evêques de France, unis au Saint-Siège de l'Eglise de Rome, juge contraire à la Doctrine certains principes de la Constitution civile du clergé, notamment dans les articles qui concernent l'institution et la mission des curés et des évêques, je déclare que je restreins et rétracte mon serment, quant à ces articles et tous les autres qui, au même tribunal du corps des Evêques, unis à l'Eglise de Rome, seraient jugés contraires à la saine Doctrine, parce qu'autrement j'abandonnerai la Doctrine catholique, et que je cesserai de faire profession de la religion. — Cette déclaration que je vous fais me méritera peut-être d'être dépossédé de mon bénéfice, mais depuis quelques jours ma conscience le réclame vivement, et je ne puis lui refuser ce sacrifice, parce que je ne puis oublier cette grande maxime de notre Sauveur : « Que servira-t-il à un homme de gagner tout le monde, s'il vient à perdre son âme? » Cependant, je proteste vouloir garder la conduite d'un citoyen fidèle, pacifique et zélé, et ce sera là de ma part, si l'on veut, un second serment aussi solennel et religieux que le premier.

« Afin que foi soit ajoutée à la présente déclaration, je l'ai signée à Sandaucourt, le 8 mai 1791.

« MULLOT, *Curé*. »

Le Père Sigisbert exerça son ministère dans le voisinage de son pays natal, jusqu'au moment où fut lancé le décret du 5 mai 1792, prescrivant la réunion des prêtres insermentés dans les chefs-lieux du district, sous la surveillance des municipalités. C'est ainsi que nous lisons dans les registres de Lemmecourt, l'acte de décès de Marie-Anne Mamelet, signé par Dominique Girot, prêtre desservant à Lemmecourt, en l'absence de M. Beaudot, curé à Lemmecourt.

Ce fut alors que commença pour le Père Sigisbert cette vie errante, marquée par tant de traits frappants, qui ne permettent pas de douter de la providence toute particulière que Dieu exerçait sur lui. Car, pendant ce temps de triste mémoire pour la France, mais de gloire pour ce prêtre et pour tant d'autres, il n'avait pas seulement à s'occuper de sa personne pour fuir le danger, mais il avait aussi à veiller sur les jours de son frère, le Père Victorin, lui aussi intrépide confesseur de la foi, mais téméraire et moins prévoyant.

A la première nouvelle du fameux décret, le père Sigis eût pu s'expatrier, comme bien d'autres le firent pour mettre leur vie en sûreté; mais semblable à une sentinelle vigilante, au milieu d'un camp envahi par l'ennemi, il voulut demeurer au milieu des familles fidèles à Dieu et à son Eglise. Le sacrifice de sa vie lui paraissait léger, si, à ce prix, il pouvait soutenir ses frères et sauver leurs âmes.

Pour se soustraire plus facilement à la fureur révolutionnaire, il se déguisait souvent en marchand forain, affublé d'un pantalon de miselaine et d'une blouse en toile grise, chaussé de souliers de charrue, un fouet en sautoir autour de ses épaules. Il se rendit d'abord à Nancy, où il était connu de beaucoup de personnes pieuses, pour y avoir exercé le ministère de la confession, pendant qu'il habitait encore son couvent. Il y trouva un asile chez un de ses parents. Son arrivée fut bientôt connue des âmes fidèles qui usaient de son ministère. Elles le firent aussi connaître à quelques autres personnes. C'est ainsi qu'il fut présenté dans un salon, à plusieurs dames d'un rang assez élevé, qui avaient témoigné le désir d'avoir un prêtre fidèle pour entendre leurs confessions. Mais celles-ci eurent d'abord mille peines à se décider à se confesser à lui, ne pouvant se persuader qu'un prêtre catholique fût caché sous un semblable déguisement. Le ministère du Père Sigis à Nancy n'était pas sans danger. Mais le bon religieux ne reculait jamais, quand le salut des âmes était en jeu.

Une dame habitant la même maison que lui se trouvait en danger de mort. C'était la mère d'un prêtre apostat et marié. Elle désirait voir un prêtre fidèle avant de mourir. Mais les bons prêtres étaient cachés ou inconnus : car ils ne pouvaient se montrer et surtout exercer quelques-unes de leurs saintes fonctions, sans courir risque de la vie. Le P. Sigisbert est averti, il profite des ombres de la nuit, vole au chevet de la malade, la confesse et lui administre les derniers Sacrements. Il n'était que temps : le lendemain elle était morte. Le malheureux fils de cette dame avait pourtant conservé la foi. Croyant sa mère morte sans Sacrements, il était tout désolé et pleurait. Il se consola lorsqu'on lui apprit qu'un prêtre catholique l'avait préparée à la mort. « Quel est donc, disait-il avec admiration, l'homme courageux qui a pu rendre ce service à ma mère? Hé! que ne puis-je l'embrasser, et le serrer sur mon cœur! »

III

La Guillotine à Nancy. — Décret de mort contre ceux qui donnent asile aux Prêtres. — Le Père Sigis quitte Nancy.

Le 27 mai 1792, les prêtres insermentés furent mis hors la loi et condamnés à la déportation. Le 18 mars de l'année suivante, les émigrés et les prêtres soumis à la déportation furent condamnés à mort, et ceux qui étaient saisis devaient être exécutés dans les 24 heures. A Nancy, on se mit aussitôt à la besogne. Un jour de dimanche, on fit une perquisition publique dans toute la ville, afin de découvrir les prêtres fidèles qu'on y supposait cachés. Le Père Sigisbert en fut instruit. Aussitôt, en homme prudent, il prend la résolution, pour se soustraire plus facilement, de sortir de la maison où il se trouve, et d'aller se promener en ville, jusqu'au moment où l'on aurait terminé les recherches. Déguisé avec les habits de son cousin, il sort en ville avec deux dames de sa connaissance, et pendant qu'on fouille partout il se promène tranquillement avec elles dans les rues de Nancy.

Il fut pourtant reconnu par une religieuse, originaire de Blevaincourt, et comme lui expulsée de son couvent. C'était la tante de M. l'abbé Thériot, mort curé d'Essegney et que j'ai vue souvent (1), écrit M. l'abbé Didier.

(1) Cette religieuse s'appelait Marie-Agnès de son nom de baptême, et sœur Victoire ou plutôt Madame Victoire de son nom de religion. Entrée assez jeune dans l'ordre du Saint-Sacrement, elle fit son noviciat à Ormes, près Vézelise, puis habita le couvent de Nancy, jusqu'au moment de son expulsion. Depuis lors, elle vécut à Nancy, retirée

« Êtes-vous donc fou, lui dit-elle, de vous exposer de la sorte ? » — « Pas autant que tu peux le croire, répondit-il, passe ton chemin et laisse-moi me promener. »

Cette promenade dura jusqu'à neuf heures du soir, et la visite domiciliaire terminée, le Père Sigis sortit de la ville, se cacha derrière la haie d'un jardin, et là fit son souper avec un morceau de veau froid et une bouteille de vin que ces dames lui avaient procurés. Après minuit, il rentra en ville. En passant près de la place de Grève, il aperçut la guillotine. On l'avait dressée pour exécuter le lendemain deux prêtres surpris dans la perquisition. Jetant les regards sur toute la place, et ne voyant personne, le Père Sigis monte sur l'échafaud, met sa tête dans la fatale lunette, et demeure là immobile pendant quelques instants. En le voyant dans cette position, une des dames qui l'accompagnait tomba en faiblesse. Et comme on demandait au Père Sigis pourquoi il avait agi de la sorte : « C'est pour essayer, répondit-il, et voir si j'aurais bien peur, dans le cas où je viendrais à être surpris. »

Jusqu'alors cette vie, quoique pénible, était cependant encore tolérable. Tant que la hache révolutionnaire ne planait que sur la tête des prêtres, il était relativement facile de se soustraire à ses coups. Beaucoup de chrétiens fidèles et généreux donnaient volontiers asile aux confesseurs de la foi. Mais l'impiété qui régnait voulut leur enlever cette dernière ressource. Croyant les prendre tous comme dans un filet, et leur ôter tous moyens de lui échapper, elle lança un décret terrible qui vouait à la mort non-seulement les prêtres fidèles, mais quiconque serait reconnu leur avoir

dans une maison particulière, avec une religieuse de sa congrégation, originaire de cette ville. Pendant la Révolution, le Père Sigis se cacha quelque temps chez elle à Nancy.

Madame Victoire fut pour l'abbé Thériot comme une seconde mère. C'est elle qui fit germer sa vocation. Elle ne cessa de l'aider, de le diriger, et même de pourvoir à ses besoins. Après l'avoir confié d'abord à M. Sigis, alors curé de Châtenois, elle le fit entrer au séminaire de Senaide.

donné asile. Le 20 octobre 1793, les recéleurs de prêtres sont condamnés à la déportation, et le 11 avril 1794, à la mort.

Que va faire le Père Sigisbert? Fuira-t-il, comme tant d'autres, loin de son infortunée patrie? Non, il a trop de foi pour craindre la mort, et trop d'amour des âmes pour les abandonner. Plein de confiance en la divine Providence, il espère trouver encore des chrétiens courageux qui lui tendront un morceau de pain, et lui donneront un coin de leur masure pour abri. Il ne se trompait point, et pendant longtemps, il eut assez de force et de courage, pour contempler de sang-froid, l'instrument du supplice qui menaçait toujours sa tête, et pour ne compromettre personne. Il commença donc cette vie errante et occulte de missionnaire. Souvent même, il se trouvait au milieu des impies, déguisé en mendiant, ou en marchand soit de vaches, soit de vins, et même en compagnon tisserand. La Providence ne lui fit jamais défaut.

A l'époque du terrible décret, le Père Sigis était à Nancy chez un de ses cousins. Celui-ci, qui travaillait au district de la ville, eut connaissance du décret, et s'en procura une copie. Rentré chez lui pour le repas, il ne disait pas un seul mot, et avait la figure toute décomposée. Le Père Sigisbert le remarqua aussitôt, et lui en demanda la raison, en ajoutant : « Si je te porte ombrage, dis-le, et je te débarrasserai sur le champ. » Son cousin tira alors de sa poche l'affreux décret, et le lui donna, en disant : « Lis, et tu verras si je puis ne pas être triste. » Le Père Sigisbert en fit la lecture : « N'est-ce que cela? lui dit-il, sois tranquille. Je vais te mettre à l'aise. » Puis, s'adressant à sa cousine: « Va à telle ferme, lui dit-il, et tu diras à la dame de te donner de vieux habits, une vieille blouse, un vieux chapeau. » La cousine ne se fit pas prier. A son retour, le prêtre revêtit ces haillons, se fit ajuster sur l'épaule une bosse formée de vieilles cornettes de nuit, salua son cousin et sa cousine, et sortit ainsi de leur maison. Arrivé au milieu de la rue, il ne sait de quel côté se diriger; ses pas sont incertains ; des larmes s'échappent de ses yeux. Où aller ? Il se rappelle avoir entendu dire que dans un village près de Nancy, la femme d'un aubergiste recevait les prêtres fidèles. Le Père Sigisbert prend la résolution de s'y rendre, et quitte aussitôt la ville.

A peine est-il en chemin qu'il voit venir dans sa direction un homme de sa connaissance. « Si celui-ci ne me reconnaît pas, se dit-il, je suis bien déguisé. » En effet, son déguisement était si complet, que cet homme passa près de lui, sans lui rien dire, et comme auprès d'un étranger. Arrivé au village où il se rendait, il se présenta à la maison indiquée. La femme était seule, mais malheureusement quelques jours auparavant, on lui avait tendu des pièges, qui avaient failli la compromettre, et elle se tenait sur ses gardes. Il s'adressa à elle, et lui demanda un demi-septier de vin, qu'elle lui donna. Il lui demanda ensuite un peu de bouillon. Non, répond-elle, je ne puis pas en donner, il est destiné aux laveuses. Croyant intéresser cette femme, il lui déclare alors qu'il est prêtre. Mais celle-ci soupçonnant un nouveau piège, et craignant une nouvelle surprise, « Vous êtes prêtre, lui dit-elle ; hé bien ! mon mari est maire de la localité, il sera de retour dans quelques instants, il vous fera arrêter, et votre affaire sera bientôt faite. » Et sans lui dire autre chose, elle ferma sur lui la porte de la chambre, où elle l'avait installé. Alors, déconcerté et perdant courage, loin de toucher à son vin, le pauvre religieux met son coude sur la table, appuie sa tête sur sa main, et se met à pleurer. « Ah ! disait-il, lorsqu'il racontait lui-même cette histoire, étant curé de Châtenois, que j'ai eu mal au cœur, quand je fus seul dans cette chambre, et que mes larmes étaient grosses ! » Cependant son hôtesse ne le perdait pas de vue, et le considérait à travers le guichet vitré de la porte. A la vue de ces larmes, cette femme au cœur généreux et chrétien, s'émeut, et en verse elle-même. Elle fait venir une de ses amies, qui avait de fréquentes communications avec la ville, et surtout avec les prêtres catholiques, lui fait part de son embarras, et lui demande si elle ne pourrait pas reconnaître un prêtre sous le déguisement de cet étranger. Après l'avoir considéré quelques instants, la voisine s'écrie : « C'est le Père Sigisbert! » L'hôtesse rassurée se hâte alors d'ouvrir, fait connaître au Père Sigis le motif de sa conduite, et s'empresse de lui donner à dîner.

Ne pouvant retenir sans danger le Père Sigisbert, elle lui traça son itinéraire pour deux ou trois jours, et chargea son fils de le suivre quelque temps à distance et sans se faire connaître, dans les différents villages qu'elle lui avait indiqués, car, à cette époque, les catholiques avaient déjà organisé entre eux quelques moyens de communications. Par cette précaution, elle voulait s'assurer si véritablement le bon religieux se trouvait en sûreté, et savoir aussi où le chercher, si l'on avait besoin de son ministère.

IV

Missions du Père Sigis. — La Grotte de Chèvre-Roche. Le Père Sigis à Lemmecourt.

Ce fut à dater de cette époque que le Père Sigisbert commença à donner plus d'étendue à sa mission. Il se mit en relation avec tous les catholiques fidèles à leur foi, et exerça son ministère pendant tout le temps de la Terreur, dans cette partie des diocèses actuels de Nancy et de Saint-Dié, qui s'étend depuis les environs de Vittel et Bulgnéville jusqu'au delà de Nancy. Il forma, dans presque toutes les communes, avec son frère et plusieurs autres prêtres, des réunions de véritables catholiques. Ces bons prêtres appelaient ces réunions leurs *chapelles*. Ils avaient aussi inspiré aux chrétiens, sur la fidélité desquels ils pouvaient compter, un esprit de prosélytisme. Et quand le Père Sigisbert ou un autre arrivait, presque toujours on lui présentait de nouvelles recrues.

Le Père Sigisbert ne voyageait plus guère que la nuit, et presque toujours accompagné de quelques fidèles. Souvent il était appelé pour administrer un malade, bénir un mariage, baptiser des enfants. Ces courses étaient quelquefois très longues.

Dans les moments ordinaires, il allait de village en village, quelquefois de jour, le plus souvent la nuit. A son arrivée, on donnait le signal. Les fidèles se réunissaient en secret. Alors, il confessait, visitait les malades, mariait, baptisait, selon que ces actes du ministère se présentaient à faire. Après minuit, il célébrait la sainte Messe, dans une cave, un grenier, une chambre détournée, parfois même dans une forêt. Il y adressait presque toujours une instruction. J'ai connu, écrit M. l'abbé Didier, un fameux révolutionnaire qui s'est converti pour l'avoir entendu prêcher, en dehors de l'assemblée où on n'avait pas voulu l'admettre, et qui plus tard a fourni lui-même au Père Sigisbert un asile et du pain.

Après la Messe, le courageux prêtre prenait un peu de nourriture; et s'il y avait dans la localité un lieu sûr pour se coucher, il s'y introduisait et y passait la journée, à moins qu'il n'y eût presse de se rendre ailleurs. D'autres fois, il se rendait aussitôt dans un village voisin, s'y tenait caché pendant le jour, et recommençait le soir ce qu'il avait fait la nuit précédente.

Parfois, surtout aux époques où la fureur révolutionnaire grondait plus fort, il demeurait assez longtemps dans certaines localités où il se trouvait plus en sûreté, dans quelque cachette, d'où il ne sortait que pour les besoins pressants de son ministère.

Pendant les jours néfastes de la Terreur, le Père Sigis et le Père Victorin, son frère, se réfugièrent souvent au petit village de Lemmecourt. Les deux frères y trouvaient un asile assuré chez les habitants, et en particulier dans la maison de Joseph Vautrin, et dans celle de Jean-Joseph Henriot, dit *Carbon,* où ils dirent même plusieurs fois la Messe, dans une chambre borgne.

Quand il ne fut plus possible de les cacher au village, ce fut la grotte de *Chèvre-Roche* qui devint leur retraite. Il paraît même que le Père Sigis et le père Victorin y eurent quelquefois des compagnons, entre autres le respectable abbé Etienne, mort curé de Rouvres-la-Chétive, vers 1830, et M. Beurlot, de Châtenois.

Entre Lemmecourt et Landaville, sur la droite, en allant à ce dernier village, dans une forêt appartenant aujourd'hui au prince d'Hénin, on voit une immense roche, de laquelle se sont détachés des blocs aussi gros que des maisons. Cette roche est enfoncée dans le flanc du côteau. Elle émerge fortement au nord et au couchant, tandis qu'au levant elle est enterrée et couverte de bois.

On y arrive par un sentier très étroit et assez rapide. Au premier aspect, on éprouve naturellement une espèce de frayeur. Il semble que cette masse va se détacher et tomber sur le visiteur. Le rocher, vu de sa face nord, présente alors quinze mètres de long sur six de haut. Et le sommet s'avance sur la base d'environ deux mètres. Au pied de cet énorme bloc qui surplombe, est creusée une grotte ouverte des deux côtés. Elle présente une plate-forme d'environ deux mètres carrés. Dans le côté sud de cette grotte, s'ouvre une baie pareille à celle d'un four, mais plus large et plus élevée. Cependant, pour y pénétrer, il faut se courber l'espace d'un mètre. On parvient alors à une galerie naturelle, large d'environ 50 ou 60 centimètres, haute de deux ou trois mètres et longue d'environ cinq mètres. Elle court du nord au midi, mais pas en ligne droite. Elle fait même un coude où l'on ne passe qu'avec peine, si l'on est un peu gros, bien qu'on prenne la précaution de marcher en travers. Au bout de cette galerie, on rencontre du côté gauche, à la hauteur des genoux, une ouverture qui peut avoir soixante centimètres de large, autant d'élévation et trente-cinq de longueur. Quand on a franchi ce passage, ce qu'on ne peut faire qu'en rampant, on est dans une grotte naturelle mesurant environ huit mètres de longueur, sur cinq de large à un bout, et trois à l'autre, et trois mètres de hauteur. Au fond de cette grotte, du côté du midi, s'ouvre une autre baie semblable encore à celle d'un four, mais moins grande que la première, et de trente centimètres d'épaisseur environ. Elle conduit à une seconde grotte, bien moins spacieuse que la première, mais plus régulière. C'est un carré long, d'environ deux mètres de large, quatre de long et trois de haut. C'est dans cette grotte, dont le sol était jonché de pièces de bois recouvertes d'un épais lit de mousse, que les prêtres prenaient leur sommeil pendant le jour. L'autre grotte servait de chapelle. On y avait dressé un autel avec des pierres, que l'on voit encore aujourd'hui, et on y disait la Messe, quand on ne pouvait pas la dire en sûreté à Lemmecourt.

Quelques personnes du village de Lemmecourt firent leur première communion à Chèvre-Roche, un jour de Purification; et « depuis cette époque, ajoute M. l'abbé Didier, les jeunes gens de Lemmecourt, au nombre desquels je me suis trouvé souvent, aiment à visiter ce jour-là Chèvre-Roche. Je ne sais pas pourquoi on désigne ainsi cette roche. »

Parmi les personnes qui firent leur première communion à Chèvre-Roche, nous pouvons citer Marie-Jeanne Maillard, Françoise Liez et Marie-Anne Vautrin. Cette dernière portait souvent à manger aux prêtres cachés à Chèvre-Roche. Jamais, dans ce pieux voyage, elle ne fit de rencontre fâcheuse. « Elle avait, nous écrit-on, un caractère très vif et « une très bonne réputation. Elle était tellement considérée « que tant qu'elle vécut (elle est morte à l'âge de 70 ou

« 75 ans), le sens moral était haut à Lemmecourt, parce « qu'on craignait fort d'attirer son blâme et ses reproches, « si on s'était mal conduit en quelque manière. »

C'est à Chèvre-Roche que le Père Sigisbert, le Père Victorin son frère, et plusieurs autres bons prêtres se retirèrent dans les moments les plus dangereux. Ils étaient sans crainte sous la garde des habitants de Lemmecourt, qui tous étaient bons et fidèles catholiques.

Avant l'époque de la Révolution, on connaissait Chèvre-Roche à Lemmecourt, mais on n'y faisait pas attention. Voici comment on songea à s'en servir comme de lieu de retraite pour y cacher les prêtres fidèles. Le père Victorin, nous l'avons dit déjà, avait été chargé d'administrer la paroisse de Lemmecourt, pendant que le curé, M. Beaudot, prenait une saison de bains, par raison de santé. Ce fut lui qui eut l'idée d'utiliser cette grotte.

Prévoyant et regardant comme certaine la persécution qui fit couler le sang de tant de généreux chrétiens, il se fit conduire sur les lieux, par un jeune homme nommé Claude Ruellet qu'il venait de marier. Mais tous les deux faillirent y périr. Ils avaient bien emporté de la lumière, mais comme l'air est assez épais et se renouvelle difficilement, leur lampe s'éteignit pendant qu'ils parcouraient la grotte. N'ayant rien pour la rallumer, ils passèrent plus de deux heures à rechercher vainement le passage par où ils étaient entrés et par où il fallait passer pour sortir. Il leur eût été facile de le trouver, s'ils eussent eu la pensée de se baisser ; mais comme ils tâtonnaient tout autour en cherchant à la hauteur des bras, il leur fut impossible de rencontrer une issue pour sortir. Fatigués, las de chercher en vain, et presque décidés à mourir, ils prirent la résolution de s'asseoir à terre et d'attendre la volonté de Dieu. Le pauvre jeune homme pleurait à chaudes larmes, et par ses lamentations excitait le sourire du père Victorin qui pourtant n'avait pas trop envie de rire lui-même. Mais pendant qu'ils étaient assis, le père Victorin, qui ne fermait pas les yeux, aperçut un petit filet de lumière sombre, à travers l'ouverture qui communique à la fente par où ils étaient entrés. Les deux explorateurs sortirent alors bien joyeux, après deux heures de terribles angoisses.

Le village de Lemmecourt formait en ce temps-là une petite paroisse modèle, grâce sans doute à l'excellent curé qu'elle venait de perdre, et au bon pasteur qu'elle possédait alors (1).

Ce petit village de 80 à 100 habitants à peine s'est distingué pendant la Révolution, par son attachement à la religion. Tous les habitants, sauf un seul que l'union des autres rendait encore timide, étaient bons catholiques, *aristocrates,* comme on disait alors. La position de ce village entre deux forêts qui la touchent y rendait plus facile le séjour des prêtres. Aussi, les fidèles ne furent que très rarement privés de la messe du dimanche. Lorsque cette privation leur était imposée, au grand regret de tous, un brave homme, à la foi patriarcale, prenait son gros paroissien en main, et parcourant le village, convoquait ses compatriotes, en disant : « Mes amis, nous n'avons pas le bonheur d'avoir un prêtre « pour nous dire la messe aujourd'hui : mais, venez, nous « réciterons notre entretien de messe, et nous chanterons « l'office. » Et tout le monde d'accourir à l'église. Lemmecourt est peut-être le seul village de France, sauf les villages de la Vendée, où les gendarmes n'aient pu pénétrer, pour arrêter des prêtres. Il y régnait une telle union, que sitôt qu'on apprenait l'arrivée des gendarmes dans la direction du village, tout le monde s'armait, qui d'un fusil, qui d'une faulx, qui d'une fourche à foin, qui d'une hache, etc., et courait barrer le passage à la force armée. Les gendarmes s'en retournaient, pour ne pas s'exposer à recevoir des coups

(1) Les registres de la paroisse portent que le 7 septembre 1790, mourut curé de Lemmecourt, M. l'abbé Joseph-François Bijeon, âgé de 55 ans, après avoir administré la paroisse avec beaucoup d'édification pendant 22 ans. Les mêmes registres nous apprennent qu'il fut remplacé par M. Beaudot.

mortels, et, du reste, ne demandaient pas mieux le plus souvent, d'être dispensés de procéder à des perquisitions. Ils revenaient au district et déclaraient n'avoir rien trouvé ! Ce qui était vrai.

Les habitants de cette localité détestaient la Révolution. On y avait nommé plusieurs curés constitutionnels, mais pas un seul ne put y rester. L'un d'eux entre autres, nommé le père Constant, ne put même trouver un enfant pour servir sa messe ; il fut obligé de partir. M. M*** de Neufchâteau, mort curé de H***, y fut aussi nommé, et vint prendre possession ; mais en sortant de l'église, il lui échappa de dire qu'il ne la trouvait pas belle : « Elle est assez belle, pour le « diable qui vient d'y entrer, » lui répondit une jeune fille, nommée Marie Hierle, qui demeurait en face et qui l'avait entendu. Ce fait a déjà été raconté, mais avec quelques variantes, par la *Semaine religieuse*, année 1880, page 154. Les paroissiens de Lemmecourt ne se laissaient pas non plus intimider par les exaltés du voisinage. On raconte, en effet, que les habitants de deux villages voisins se rendant à Beaufremont, pour y fêter le *Décadi,* et passant par Lemmecourt, menacèrent de brûler le village, et traitèrent les habitants d'aristocrates et d'arriérés, parce qu'ils n'avaient pas encore planté d'arbre de liberté.

C'était donc à Lemmecourt que souvent se retirait le père Sigisbert, quand les bourrasques révolutionnaires étaient trop violentes. Et, comme on se défiait des villages voisins, il demeurait parfois dans la roche pendant le jour ; puis, la nuit venue, il se dirigeait sur le village pour y exercer son ministère. Des personnes dévouées s'étaient chargées de pourvoir à son entretien et lui faisaient porter ses repas, comme on les porte aux ouvriers, pendant les travaux de la campagne. Souvent le père Sigis chantait la messe à l'église, particulièrement aux jours de fêtes solennelles et de dimanche. Pour éviter les surprises, on plaçait des sentinelles sur toutes les avenues du village. S'il y avait trop à craindre, il disait la messe dans une chambre détournée, chez un oncle de M. Didier, nommé Joseph Henriot, ou bien dans la roche. Il ne lui est jamais arrivé de surprises, ni aux autres prêtres qui profitèrent de la même retraite.

Du reste, on ne négligeait pas les précautions, et l'on savait user de ruse. La nuit, quand ces prêtres venaient furtivement au village, ou s'en retournaient à la grotte, un ou deux hommes les précédaient ou les suivaient silencieusement, mais avec un mot d'ordre pour donner l'alarme au besoin par des cris convenus. Quand ils célébraient la messe à la petite église du village ou ailleurs, un paysan parcourait les rues, et avertissait les habitants, en criant, comme pour faire sortir le bétail qui devait aller paître aux champs : « Lâchez, oh ! » et cet appel était compris. Jamais la confiance de ces bons prêtres ne fut déçue.

Ce n'était pas seulement à Lemmecourt et à Chèvre-Roche que se retirait le père Sigis, et qu'il exerçait son périlleux ministère. Souvent aussi, il venait chez M. Lallement, à Balléville, canton de Châtenois. Il y trouvait des lieux secrets préparés pour le cacher, en cas de surprise. Le bruit de son arrivée se répandait dans toutes les familles fidèles, comme par un fil électrique; on se réjouissait comme en un jour de fête, et les bons catholiques répétaient avec une sainte allégresse : Le père Sigisbert est arrivé !

Pendant les années 1795 et 1796, le bon religieux demeura aussi à Mandres-sur-Vair, chez les demoiselles Ganiot, dont l'une s'appelait Marie-Catherine. Elles habitaient la maison occupée aujourd'hui par M. Voirin, maréchal-ferrant. La paroisse était alors sans pasteur. L'abbé Deny, ancien prémontré de Flabémont, prieur-curé de Mandres depuis 1783, était parti pour l'exil. A son retour, il reprit sa cure, pendant quelques années. Les infirmités l'ayant contraint à la retraite, il quitta le saint ministère, pour devenir simple prêtre habitué. Il mourut en 1817 ou 1818 à Mandres, où il est enterré. Ce fut à Mandres que le père Sigis bénit le mariage des parents de M. l'abbé Didier; ce fut là aussi, ajoute celui-ci, « qu'il m'administra le sacrement de baptême » ainsi qu'à deux autres petits garçons.

Dans les moments plus calmes, le zélé capucin voyageait dans les paroisses environnantes, instruisant, baptisant, confessant, mariant; en un mot, exerçant tous les actes de son saint ministère. Mais il était toujours déguisé. Quelquefois, il avait de gros souliers garnis de paille, avec une blouse de grosse toile grise, un chapeau et toujours sa bosse. D'autres fois, il portait un fouet en sautoir, comme un marchand de vaches ; souvent, il faisait le marchand de vin, et dans toutes les maisons où il était reçu, on avait eu soin d'apprendre aux enfants à l'appeler *nonon,* pour dépister les gens suspects ou mal intentionnés.

Nous l'avons dit déjà, le père Sigis ne voyageait guère que la nuit, et il était presque toujours accompagné de personnes dévouées. « J'ai vu quelquefois chez lui, dit M. Di-« dier, une femme qui avait la taille d'un colosse, et qui « l'avait souvent accompagné, armée d'un sabre de dragons. »

Cependant toutes ces courses ne se faisaient pas sans crainte et sans dangers. Que d'alarmes ! que de surprises ! La hache révolutionnaire qui planait sur la tête des bons prêtres sembla bien des fois sur le point de s'abattre sur la sienne; mais Dieu lui montra toujours qu'il agréait son dévouement. Partout, il le couvrait de sa main protectrice, partout il lui faisait sentir qu'il le gardait comme la prunelle de son œil. Combien de fois, pour lui faire mieux sentir les effets de sa divine protection, et lui prouver que sa vigilante Providence avait toujours les yeux sur lui, ne le laissa-t-il point aller jusqu'au bord du précipice, afin de le sauver toujours d'un manière presque miraculeuse ? Les faits qui suivent vont le démontrer.

V

La Providence protège le Père Sigis à Balléville, à Vittel et ailleurs.

Un jour, le Père Sigis célébrait la sainte Messe à Balléville, dans la maison de M. Lallemand (1). Les gendarmes s'informèrent de lui chez le maire de Châtenois. Celui-ci, qui voulait sauver le prêtre, fait honnêteté aux gendarmes et dépêche un commissionnaire à Balléville. Cependant, les gendarmes se mettent en route et arrivent bientôt. Dans son empressement à gagner le souterrain toujours préparé à le recevoir, en cas de besoin, le Père Sigis n'eut pas le temps de quitter les habits sacerdotaux. Son aube fut prise dans la trappe qu'on avait refermée avec précipitation, et il resta suspendu tout le temps de la perquisition. Un bout de l'aube qui sortait de la trappe aurait pu le trahir, mais Mme Lallemand eut la présence d'esprit de le couvrir de son pied, et de ne pas quitter sa place avant le départ des inquisiteurs.

D'après une autre version, le Père Sigis n'était pas alors revêtu des habits sacerdotaux, et c'est sa soutane qui aurait été prise dans la trappe. Pour la dissimuler, Mme Lallemand aurait jeté par-dessus un paquet de chiffons, et se serait excusée auprès des gendarmes du désordre qui règnait dans son ménage.

Une autre fois, à Balléville, le Père Sigis est encore sur le point d'être saisi. Il sort de la maison Lallemand par une

(1) La famille Lallemand était foncièrement chrétienne et jouissait, sans être extrêmement riche, d'une certaine considération. M. Lallemand était régisseur des biens du marquis de Bassompierre, et Mme Lallemand, originaire d'Aingeville, avait un frère chanoine à St-Dié.

porte de derrière, et se blottit dans une chenevière. Les gendarmes en firent le tour, mais ne voyant pas de trous dans le chanvre, ils ne s'imaginèrent pas que quelqu'un y était caché. Ce trait ne rappelle-t-il pas celui de saint Félix de Nôle, préservé de ses persécuteurs par une toile d'araignée?

Un autre jour, c'était à Châtenois, le Père Sigis s'était caché sous une trappe, parce qu'on soupçonnait du danger. Dans le calme de sa conscience, et sans doute aussi à cause de la fatigue, il ne tarda pas à s'y endormir, et même à ronfler avec grand bruit. Cependant, les gendarmes pénètrent dans la maison et passent au-dessus de la trappe. La maîtresse du logis, qui tremblait de voir le Père trahi par ses ronflements, faisait le plus de bruit possible en marchant, pour réveiller le dormeur et l'inviter à se mettre sur ses gardes. On dit que malgré ses efforts, elle ne parvint ni à réveiller le Père, ni à dissimuler ses ronflements. Et comme le gendarme s'en étonnait : « Ah ça! aurait repris la femme avec autant d'à-propos que d'aplomb, est-ce qu'il est défendu de ronfler en République? — Dis-donc, notre François, il faut dormir plus doucement. » Et le gendarme s'en serait allé, sans soupçon, ou du moins sans exiger d'autre explication.

A Beaufremont, une autre fois, le Père Sigis était poursuivi de près par les gendarmes. Sur le point d'être saisi, il entre dans une maison et n'a que le temps d'entrer dans le cuveau préparé pour la lessive. La ménagère qui comprend la situation, se hâte de le couvrir d'un cendrier et de quelques hardes. Quand les gendarmes entrèrent dans la maison, et furent près de la cachette, ils ne se doutèrent de rien. Ils ne virent qu'une paysanne en sabots préparant sa lessive. « Excusez, Messieurs, leur dit-elle, je suis très occupée, ma lessive presse... cherchez dans la maison; » et tout en parlant, elle jetait de l'eau dans le cuveau, sur les toiles qui recouvraient le Père Sigis. Ce stratagème sauva le bon prêtre, car l'idée ne vint pas aux gendarmes de chercher dans le cuveau.

On raconte un fait semblable, dont M. l'abbé Siret, d'Offroicourt, aurait été le héros à Domjulien.

Un autre jour, je n'ai pu me rappeler le lieu, dit M. l'abbé Didier, le Père Sigis fut encore surpris, pendant qu'il offrait le saint Sacrifice de la Messe : il n'eut pas même le temps d'ôter ses ornements. On le jette au fond d'une grange, sous quelques bottes de paille. Il n'était pas bien couvert, et un des gendarmes avait même aperçu un bout de sa chasuble. Heureusement que ce gendarme était bon et aimait les prêtres. Pour dépister son collègue, il vole au fond de la grange, crie, tempête, plonge son sabre dans la paille, autour du pauvre Père, et recouvre de paille le morceau de chasuble laissé à découvert. Pendant ce temps-là, l'autre gendarme parcourt en fureur tous les coins de la maison, et se retire en maugréant de l'inutilité de ses recherches. L'autre alors quitte aussi son poste, content d'avoir soustrait un prêtre à son compagnon.

Dans une autre circonstance, le Père Sigisbert était caché avec son frère dans une maison d'un village. Le bruit se répand qu'il y a dans cette maison des prêtres réfractaires. C'est le nom qu'on avait donné aux prêtres fidèles. Les gendarmes sont prévenus, la populace environne la maison. Les gendarmes se présentent. Les deux frères n'ont que le temps de jeter de la poussière sur leurs souliers, et de se munir de leur bâton de voyage. Cachés sous un déguisement, ils feignent d'être des acheteurs de vin dont les voitures sont sur le point d'arriver, et simulent une violente altercation avec la femme du logis, qu'ils accusent de leur livrer un vin de qualité inférieure à celui qu'elle s'était engagée à fournir. Pour mieux jouer leur rôle, ils vomissent contre cette femme tout un vocabulaire de grossières injures, et celle-ci leur répond sur le même ton. Ils font même goûter aux gendarmes du mauvais vin qui se trouvait dans une bouteille sur la table. Tout en continuant à s'injurier, ils sortent de la maison, poursuivis par la femme, traversent la foule et gagnent la campagne. Pendant leur fuite, les gendarmes opéraient une perquisition sans résultat : les deux religieux étaient sauvés.

Voici un autre trait qui a été raconté par un autre élève du Père Sigis, M. l'abbé Poirson, ancien aumônier de l'hôpital de Mirecourt, décédé le 22 décembre 1882.

Un jour, le Père Sigis venait dire sa Messe à Houécourt, dans une maison de confiance (1). Ce jour-là il faisait le marchand de vaches, il avait la blouse grise et le fouet en sautoir. En passant près d'un petit garçon qui gardait des bœufs en pâture, il lui demande si ces bœufs sont à vendre, etc. Le petit pâtre répond que non, et le prétendu marchand continue son chemin et arrive chez un bon chrétien du village, Edmond Pierson, chez qui on célébrait la Messe pendant les jours de la Terreur. Or, le soir, le petit domestique revient avec ses bœufs. On lui dit que vers une heure ou deux heures du matin, un prêtre dira la Messe et qu'il doit la servir. Mais voilà qu'il reconnaît dans le prêtre qui monte à l'autel le marchand de vaches de la veille. On eut peur, et on lui demanda de garder le secret. Il le promit et le garda parfaitement. Depuis, ce fut toujours lui qui servit les Messes dans cette maison, et dans la suite, on le regarda comme l'ami de la famille. Le Père Sigis le prit en considération, et comme il lui avait trouvé de l'intelligence, il le choisit pour instituteur quand, après la Révolution, il devint curé de Balléville. Plus tard, il prit comme élève un des fils de cet instituteur. C'est ce fils qui, devenu prêtre et aumônier de l'hôpital de Mirecourt, a raconté ce trait qui honore à la fois et son propre père et le Père Sigis.

Le Père Sigis et son frère, ainsi que M. Pastemps, plus

(1) A Houécourt il se réfugiait ordinairement chez les Dlles Vuillemin. C'est chez elles qu'aurait eu lieu, d'après quelques-uns, la scène de la trappe dans laquelle ses vêtements sacerdotaux s'étaient trouvés pris. Il avait été dénoncé par des patriotes auxquels depuis rien n'a réussi. Il sont tombés de malheurs en malheurs : on dirait une fatalité, si ce n'était la justice divine.

tard curé de Fontenoy-le-Château, venaient souvent à Malaincourt pour y dire la Messe et confesser. La maison qui avait le bonheur de les recevoir était à cette époque habitée par l'excellente et pieuse famille Gouget (1), composée du père, de la mère, et de plusieurs enfants, dont j'ai connu, disait M. l'abbé Desfourneaux, décédé curé de Malaincourt le 17 mars 1882, Charles, qui s'est marié vers l'an 1800, et Anne-Eléonore, restée célibataire, fille très pieuse, décédée préfète de la Congrégation à l'âge de 82 ans en 1837. C'était dans la chambre de cette bonne personne, que les prêtres exerçaient les fonctions du saint ministère. Cette chambre était isolée, prenant vue sur le jardin de la maison, et par conséquent très propre à cet usage. Anne-Eléonore Gouget fut élue préfète de la Congrégation dès 1802, au rétablissement du culte. Avant de mourir, elle me remit la pierre avec les reliques qu'on plaçait dessous, sur laquelle on célébrait la Messe chez elle pendant la Révolution. Je la conserve dans le trésor de la fabrique, comme un précieux souvenir (2). C'est une feuille d'ardoise assez forte, marquée des croix ordinaires et consacrée.

La maison a passé à plusieurs propriétaires, elle est occupée aujourd'hui par Mme veuve Poirson.

On savait ordinairement, quelque temps à l'avance, le jour où devait venir le prêtre, soit le père Sigis, soit son frère ; mais lorsqu'il y avait des malades en danger de mort, on envoyait un exprès. On connaissait dans chaque village, dans un rayon de deux ou trois lieues, les maisons chrétiennes où se trouvait ordinairement le ministre de Dieu. Quelquefois, il fallait parcourir plusieurs villages pour le trouver, parce qu'il pouvait être appelé en même temps en

(1) Il est probable que cette famille était liée à celle du Père Sigis par des liens de parenté, car la mère de celui-ci s'appelait Thérèse Gouget.

(2) « Cette pierre, dit M. l'abbé Morlot, curé actuel de Malaincourt, et successeur immédiat de M. Desfourneaux, n'est plus aux archives de la paroisse ; on ne la voit plus nulle part. »

divers endroits pour le même motif. Ici, j'ai bien connu l'homme qui se dévoua pendant dix ans à ce périlleux message. Il faisait quelquefois sept ou huit lieues, parcourait sept ou huit villages, pour trouver le prêtre missionnaire. Il se nommait Etienne Mouillet. Je l'ai vu mourir, dans un grand âge, laissant une famille chrétienne que Dieu a visiblement bénie, sans doute à cause des services rendus à la religion par ce brave homme. Je lui ai entendu raconter bien des traits qui m'ont échappé. Etienne Mouillet était un homme de petite taille, mais marcheur intrépide, discret, intelligent. Il connaissait toutes les maisons du pays où on recevait des prêtres.

C'était surtout la nuit que le prêtre arrivait ; quelquefois cependant il arrivait de jour. Dans ce cas, voici comme on procédait pour ne pas donner l'éveil à trois ou quatre mauvais sujets qui les auraient dénoncés, car, du reste, toute la paroisse était foncièrement catholique, et plusieurs chefs de famille se virent condamner à la prison, pour avoir favorisé les bons prêtres. Quant à ces mauvais sujets, disons en passant qu'ils sont morts dans la misère et chargés du mépris public. Le Père Sigis ou son frère arrivait en costume de marchands de bestiaux, le fouet en sautoir. Il s'arrêtait près de quelque personne, et lui demandait où restait le nommé Charles... Charles... Charlette, comme s'il avait peine à trouver le nom. Charlette était le sobriquet de Charles Gouget, marchand de chevaux, chez qui il devait dire la messe. On l'introduisait chez Charlette, et quelques minutes après, on voyait sortir de l'écurie un cheval qu'on faisait courir. Le prétendu marchand l'examinait, lui trouvait quelque défaut, puis offrait un prix, sur lequel on ne tombait pas d'accord. « Allons, disait alors le père Charlette au prétendu maquignon, entrons, nous boirons une bouteille... cela nous arrangera... on s'entendra. » Les curieux s'en allaient, le prêtre entrait, on était censé causer longtemps. La nuit venue, les fidèles avertis venaient se confesser. Le prêtre disait la messe, avant le jour, puis, de grand matin, il s'en allait doucement par une porte de jardin. Parfois, le lendemain, un voisin disait au père Charlette : « Eh bien ! ton marchand ? As-tu fait affaire avec lui ? — Oh ! non, nous ne nous sommes pas arrangés. — Ah ! Ah ! je l'ai bien deviné. Ce maquignon-là a l'air de ne pas trop s'y connaître, et je crois bien qu'il n'avait pas grand'chose dans le gousset... ça chipote trop. » Tout ce récit est rapporté d'après M. l'abbé Desfourneaux, et l'on a presque partout conservé ses propres expressions.

Les Pères Sigisbert et Victorin, se trouvant dans une localité des environs de Nancy, déguisés en marchands de vaches, faisaient semblant de vouloir faire des achats. Ils rencontrèrent quelques paysans assez décidés qui leur offrirent à boire et s'attablèrent avec eux. Le Père Victorin, plus hardi et plus fin que son frère, commença par leur tendre des pièges, en les faisant parler contre le gouvernement : c'était sa tactique ordinaire quand il avait affaire à des révolutionnaires. Ceux-ci donnèrent tête baissée dans le piège et en vinrent jusqu'à dire qu'ils seraient bien contents de voir les Prussiens à Paris. Après les avoir entendus, le Père Victorin prit la parole à son tour et se mit à parler en faveur de la religion sans se gêner. « Comment ! lui dit l'un de ses auditeurs, mais vous êtes donc un *aristocrate,* nous allons vous dénoncer. — Rappelez-vous un peu ce que vous venez de dire contre le gouvernement, lui répliqua malicieusement le Père Victorin, et prenez garde que je n'aille plutôt vous dénoncer moi-même. » A cette réponse, ils baissent le ton et promettent d'être plus circonspects à l'avenir.

Un détail de protection providentielle concernant le Père Victorin ne sera pas déplacé ici. Pendant un voyage que faisait ce religieux, il aperçoit de loin deux gendarmes à cheval, en rase campagne. La fuite est impossible et ne servirait qu'à le trahir. Que faire ? Il prend son bâton et s'amuse à le lancer contre un arbre du chemin sur lequel était un écureuil. Au moment où les gendarmes arrivent près de lui, le bâton reste accroché aux branches, et ceux-ci, le prenant pour un idiot, l'interpellent d'un ton railleur et lui crient : « Imbécile ! va donc maintenant chercher ton bâton. » Le bon religieux en fut quitte pour cette apostrophe un peu verte.

La Sœur N***, de Houécourt, qui habitait déjà cette localité quand le Père Sigis était curé de cette paroisse, attribue à celui-ci le fait que M. Desfourneaux, ancien curé de Malaincourt, met sur le compte du Père Victorin, et place la scène aux environs de Charmes. Le danger passé, il se serait réfugié à Jarville, chez les Sœurs, en compagnie de son frère.

Voici encore un autre trait remarquable de cette Providence de Dieu qui veillait sur le Père Sigis. Depuis quelque temps, il était retiré dans une famille. Pris à l'improviste, il est sur le point d'être reconnu et saisi. Sans se déconcerter, il s'empare d'un paquet de fil qui se trouvait par hasard sur la table, le met au bout d'un bâton, le place sur son épaule et sort de la maison, en demandant à la maîtresse de la maison de quelle largeur elle veut sa toile. La ménagère comprend la ruse et répond aussitôt : « Vous la ferez comme la dernière que vous m'avez faite. » Le Père Sigis put sortir sans difficulté.

Le trait suivant n'est pas moins remarquable. Il mérite d'être rapporté, « sans que je puisse affirmer positivement, dit M. Didier, s'il se rapporte au Père Sigisbert plutôt qu'à son frère. Je présume cependant qu'il s'agit du premier. » Il était chez un habitant de Vittel, nommé Millot. Cet homme fut dénoncé comme donnant asile dans sa maison à un prêtre réfractaire. Un dimanche, à 9 heures du soir, deux gendarmes frappent à sa porte et demandent à entrer. M. et Mme Millot furent atterrés : ils n'ignoraient pas le sort qui les attendait, si l'on venait à découvrir chez eux un de ces prêtres. Le Père Sigis, toujours homme de ressources, les prie de ne pas se déranger, prend à la main la lumière, va ouvrir la porte et demande aux gendarmes ce qu'ils désirent. Ceux-ci le prenant pour le maître de la maison, lui répondent qu'ils ont appris la présence d'un prêtre chez lui : « Hé bien ! Messieurs, leur dit-il, vous pouvez vous en assurer. » Et il les conduit lui-même, la chandelle à la main, dans les coins les plus reculés de la maison, et jusqu'aux lieux d'aisances. N'ayant trouvé personne, les gendarmes s'en retournent, en priant le Père Sigis de les excuser pour l'avoir dérangé mal à propos.

« Pendant les jours, d'odieuse mémoire, appelés la Terreur, lisons-nous dans l'opuscule de M. l'abbé Chapia, intitulé *Vitel,* jamais Vitel ne fut sans prêtres, jamais le secret ne fut violé, jamais prêtre ne fut arrêté à Vitel.

« Les prêtres qui exposèrent leur vie pour secourir les fidèles de ces deux paroisses (1), furent le Père Sigisbert Girot, d'Auzainvilliers, capucin, mort curé de Châtenois, son frère, le Père Victorin, mort curé de Rainville, l'abbé Toupot et quelques autres. Le Père Sigis logeait chez la mère Bellot, née Barjonet, femme de haute fermeté et de haute piété. Un jour, la présence d'un prêtre est signalée chez elle. Aussitôt la patrouille envahit la maison. Le prêtre y était réellement, déguisé sous un costume de cendrier, en bonnet de coton bleu ; on le fourra dans un coin. « Tu as ici « un calotin, » disent les chercheurs à Mme Bellot. « Comment, répond-elle, sans perdre la carte, vous croyez que je « voudrais loger ces gens-là ! Entrez, entrez, citoyens, voilà « ma maison, visitez-la. » Elles les introduisit au poële où ils piquent les lits ; puis au grenier ; puis à la chambre à four où était le prêtre blotti derrière la porte ; elle poussa la porte contre le mur, et se tint devant avec une contenance réso-

(1) Vitel formait alors deux paroisses.

lue, et l'on ne se douta pas qu'il fût par derrière. Le prêtre était sauvé. C'était le Père Sigis. »

Tous ces faits se rapportent très probablement à l'année 1794 et au commencement de l'année 1795.

VI

Le Père Sigis chez Charlin.

Durant le cours de la période révolutionnaire, il y eut de temps en temps des moments d'arrêt, où les prêtres catholiques, sans être libres, et tout en se cachant, pouvaient un peu respirer et exercer leur ministère avec moins de danger et de crainte. Mais, semblable à un animal furieux qui a reçu un coup mortel, et qui avant d'expirer, se débat encore de manière à effrayer ceux qui l'entourent, la Révolution, sur son déclin, voulut de nouveau raviver le feu de la persécution contre les prêtres fidèles. Sur la fin de 1797 et jusqu'en 1799, la violence de la persécution était si intense, que les prêtres catholiques ne trouvaient plus personne, qui osât les recevoir.

Réduit à cette extrémité, et ne sachant plus où mettre le pied, le Père Sigisbert avait enfin pris la résolution d'émigrer et de tâcher de gagner la Suisse, pour laisser à l'orage le temps de se calmer. Mais toujours maintenu par l'esprit de foi et de zèle qui l'avait animé depuis le commencement de la persécution, et plein de confiance dans la divine Providence, il s'abandonna à la volonté de Dieu, et cette Providence divine lui suggéra de nouvelles ressources, pour se soustraire à la fureur de la Révolution, en trompant son infernale vigilance.

Il se souvient que pendant sa jeunesse, il exerçait la profession de tisserand : il se procure une navette, l'attache en sautoir autour de son corps, et se met à voyager sous le déguisement de simple ouvrier.

Arrivé à Pulligny, village des environs de Nancy, il demande s'il ne pourrait pas trouver à se placer dans la commune, comme compagnon-tisserand. On lui indique un habitant de la commune (1), révolutionnaire de la plus belle eau, que le père Sigis trouva occupé à boire avec quelques amis. Il lui offrit ses services comme compagnon-tisserand. Le paysan lui répond qu'il en prendrait un volontiers, mais que sa femme s'y oppose ; que cependant, puisqu'il exerce le même métier que lui, il le prie d'entrer et d'accepter un verre de vin. Le père Sigis accepte, boit un verre, et se place sur le métier. En le voyant si bien travailler, le paysan lui exprime de nouveau le regret de ne pouvoir l'engager, et lui offre de le mettre en relation avec un tisserand qui lui donnera certainement de l'ouvrage, mais si pauvre qu'il n'a pas un métier à mettre à sa disposition.

On fait venir Charlin, c'était le nom de cet ouvrier, et après divers pourparlers, on se décide à emprunter un métier. Mais bientôt surgit une autre difficulté. Où pourra-t-on coucher le compagnon ? car la maison de Charlin est à peine suffisante pour lui, sa femme Marguerite et ses cinq petits enfants.

Une famille voisine, du nom de Girot, y pourvut, en offrant un gîte sous un escalier, avec un vieux bois de lit et quelques nippes en guise de couverture. Cet offre convenait parfaitement au père Sigisbert. Elle lui procurait la facilité de faire ses exercices de piété et de dire son bréviaire, sans être vu de personne.

Le père Sigis se disait cousin avec les Girot, ce qui lui

(1) M. Didier le dit maire de la commune, mais il résulte d'informations prises en 1876 à Pulligny même, auprès de M. le curé de la paroisse, que cette assertion est erronée.

servait à colorer ses fréquentes relations avec cette famille. Parmi les enfants Girot, de Pulligny, se trouvait une jeune fille nommée Anne, et surnommée *la Préfète*. Anne, qui avait alors de 25 à 30 ans, était boîteuse, mais très active, très courageuse, entreprenante et d'une rare habileté. C'est elle probablement qui fabriqua en osier la sorte de petit corbillon, cousu dans le *colletin* du Père Sigis et qui le rendait bossu. Quand le Père célébrait la sainte Messe, le dimanche, *la Préfète* allait au puits voisin tirer de l'eau, en faisant le plus de bruit possible, afin de couvrir le bruit des pas des arrivants et sortants, et de détourner l'attention des voisins suspects ou mal intentionnés. Elle faisait les courses pour la correspondance des prêtres cachés, et avec les catholiques de la contrée. Un Samedi-Saint, le Père Sigis fit l'eau bénite. Anne Girot s'était rendue au préalable jusqu'à Vézelise, munie d'une hotte, pour prendre chez un sieur Richard tout ce qui était nécessaire à la cérémonie. Anne Girot mourut vers 1840, à l'âge de 73 ans (1).

Le père Charlin, maître tisserand du père Sigis, s'appelait de son vrai nom Charles Vigneron. Il est mort à Pulligny en 1832. Il avait eu cinq ou six enfants, dont trois filles. Sa maison était située en haut du village, à gauche de la petite rue qui conduit à la chapelle de Notre-Dame de Pitié, derrière les jardins de la rue montante principale. Son unique chambre sert aujourd'hui de cave. On y arrivait par un long corridor. Elle était éclairée par deux petites fenêtres à fleur du sol, avec de petits carreaux assemblés avec du plomb. L'une subsiste encore et sert de larmier. Les deux métiers de tisserand étaient placés chacun devant une fenêtre. L'entre-deux était occupé par une cheminée. Cette salle assez vaste n'avait d'autre pavé que la terre mal unie. On n'y voyait que les meubles les plus essentiels et de forme toute primitive : des escabelles au lieu de chaises. On avait

(1) Tous les détails de cet alinéa ont été fournis en 1876 par M. Friant, curé de Pulligny.

pour table une selle, ou bien les genoux de Marguerite, car, on mangeait ordinairement à la gamelle.

De l'autre côté de la rue, et tout en face, était la maison des Girot, composée d'une chambre à gauche, et à droite, d'une cuisine précédant une autre chambre très vaste (le poële, en langage du pays), qui souvent se transformait en chapelle, et où 60 et même 80 personnes assistèrent quelquefois à la messe.

Voilà donc le Père Sigisbert installé à Pulligny, et occupé à travailler chez Charlin. Il y demeura environ un an, sous le nom de Dominique ou Minique, jusqu'au moment où cessa la persécution.

Le soir de son arrivée, on avait voulu fêter la réception, et l'on avait fait apporter de l'auberge une bouteille de vin. Pendant qu'on la buvait, le Père Sigis faillit se trahir. Il avait une tabatière en argent, et offrit une prise à Charlin et à son frère. Ceux-ci, en voyant cette tabatière de prix, ne purent dissimuler leur étonnement. Le capucin reconnut son imprudence et se tira de ce mauvais pas en disant qu'on *fait des folies à tout âge; qu'ayant un jour trente-six francs, il avait eu la sottise d'acheter cette tabatière, mais qu'il s'en repentait bien.*

Le père Sigis fut une vraie bénédiction pour la maison du pauvre Charlin. Les bons catholiques donnaient d'abondantes provisions au prêtre-tisserand, et celui-ci en faisait part à la famille Charlin, sans en dévoiler l'origine. Mais il faisait surtout ses largesses dans un but moral.

Il paraît qu'à cette époque, Charlin buvait parfois un peu trop, et dépensait ainsi ses petites économies : ce qui faisait la désolation de Marguerite et troublait la paix du ménage. Les remontrances de Marguerite et de Dominique ne produisaient pas de fruit. Cependant, celui-ci entreprit de faire perdre à Charlin cette mauvaise habitude. Il lui proposa, s'il voulait se corriger, de faire les frais d'un souper le dimanche, lui promettant qu'il y aurait à ce souper du vin et de la viande de boucherie. Charlin accepta, et se contint un dimanche ou deux. Tout le monde était heureux. Mais survint une occasion, peut-être une fête patriotique ou la rencontre de quelques amis, Charlin céda à la tentation et rentra à la maison complètement ivre. On servit alors le souper. Charlin voulut y prendre part. Mais Dominique s'y opposa. En voyant son mari exclu du festin, Marguerite éclata en larmes et en sanglots. Ses enfants l'imitèrent. Dominique lui-même ne put contenir son émotion. Personne ne put manger, et tout le monde alla se coucher sans souper. Mais la leçon avait porté. Charlin ne faillit plus à sa promesse. Il était réhabilité.

Les dimanches, quand le Père Sigis ne sortait pas, il avait soin de choisir pour se raser l'heure où sonnait le dernier coup de la messe constitutionnelle, et n'était jamais prêt pour s'y rendre. Charlin et sa femme, révolutionnaires de bonne foi, y allaient alternativement. Voyant que leur compagnon n'y assistait jamais, ils conçurent quelques doutes. Aussi un dimanche matin, ils restèrent à la maison, sans prendre le chemin de l'église. Et comme le Père Sigisbert leur en demandait la raison : « Nous voyons bien, répondirent-ils, que c'est mal d'y assister, car autrement vous n'y manqueriez pas, vous qui dites tant de prières. »

Pendant son séjour chez Charlin, le Père Sigis (c'est lui-même qui aimait à le raconter) recourait surtout à deux précautions pour ne pas être reconnu. La première consistait à garder toujours sa bosse, pour que personne ne songeât à le dénoncer aux autorités militaires ; et la seconde de s'attabler quelques fois à l'auberge principale de la localité. Il recourait à ce dernier stratagème pour ne pas trop se singulariser, mais aussi et surtout, afin de se tenir au courant des nouvelles, et de pouvoir à l'occasion offrir le secours de son ministère.

Un jour, il rencontra à l'auberge le maire du village, ardent révolutionnaire, avec lequel il engagea une discussion très vive, sur ce qu'il faut entendre par *vraie liberté* et *vrai patriote*. « Qu'est-ce que votre liberté, lui disait-il, si vous m'empêchez de gagner ma vie ? A quoi aboutit-elle ? Vous vous dites patriote ; mais moi qui n'ai pas les mêmes idées que vous, je prétends être plus patriote que vous. »

Sa polémique ne lui suscita point de difficultés, mais plus tard, quand il racontait ce fait, il avouait avoir été un peu téméraire en cette circonstance. Quoi qu'il en soit, son interlocuteur put comprendre plus tard que ses idées ne l'avaient pas conduit à la prospérité.

Un jour, c'était dans les premières années de ce siècle, l'abbé Girot, alors curé de Balléville, se rendait à l'église pour célébrer sa messe. Il rencontra un mendiant qui lui demanda l'aumône. « Je n'ai rien sur moi, lui dit-il, mais allez vous chauffer à la cure, en attendant que je revienne. » En rentrant, le curé qui avait reconnu le mendiant, lui dit en l'appelant par son nom : « Bonjour X***. Comment ! de propriétaire que vous étiez, avec une fortune de 12.000 fr., vous voilà maintenant réduit à la mendicité ? Ne vous l'avais-je pas bien dit, que vos idées de république et de révolutionnaire ne vous amèneraient rien de bon ? Vous souvenez-vous de celui qui autrefois à l'auberge engageait avec vous une discussion sur les idées du jour ? Celui qui vous parlait alors, et qui était compagnon-tisserand de Charlin, c'est moi, l'abbé Girot, curé de Balléville. »

Après s'être ainsi fait connaître, et avoir donné une bonne leçon à ce mendiant, il lui fit servir à déjeûner, et lui glissa encore une généreuse aumône à son départ.

Il était généralement très avisé, et savait à merveille écarter les plus légers soupçons qu'on aurait pu concevoir de son état.

Un jour, une jeune personne arrive chez Charlin. Elle s'adresse au maître de la maison, et se plaint amèrement de n'avoir pas encore sa toile. « Vous ne travaillez donc pas, lui disait-elle. Vous vous amusez donc ; au moins devriez-vous prendre des compagnons qui sachent leur état. » Charlin qui ne se doutait pas que tout ce courroux n'était qu'une feinte, se fâche aussitôt et se défend comme il peut. Enfin, à bout d'arguments, pour se débarrasser de l'importune, et lui montrer que son compagnon travaillait bien, il la renvoie au Père Sigis. Elle continue ses récriminations, mais entre temps, elle lui glisse à l'oreille ces quelques mots : « Venez ce soir chez nous, nous avons ce qu'il faut pour dire la sainte messe. »

Le Père Sigis qui avait parfaitement saisi tout ce manège, ne se contenta pas de montrer à la jeune fille qu'il avait compris son message, mais pour dérouter Charlin, il congédia la prétendue importune, en lui disant : « Votre fil ne vaut rien, mademoiselle, il faudrait l'arroser le plus tôt possible. » Ce dernier mot était à l'adresse de Charlin, qui ne dédaignait pas le petit souper du dimanche et la bouteille de vin qui servait à l'arroser.

Le même soir, le Père Sigis allait célébrer la sainte messe chez les parents de la jeune fille. Et le lendemain, il se retrouvait sur son métier de tisserand. La famille Charlin était dans la joie, car Dominique avait apporté à la maison plusieurs bouteilles de vin et un gros morceau de lard.

Plus tard, c'était plaisir à entendre M. Girot raconter la joie de la famille Charlin, et surtout à lui voir reproduire les exclamations et les gestes des cinq petits enfants, que l'espoir d'un bon repas transportait hors d'eux-mêmes.

La profession de tisserand que le Père Sigis avait embrassée lui fournit plus d'une fois l'occasion d'exercer les actes du saint ministère, sans attirer l'attention. Les femmes venaient soi-disant parler de fil et de toile, et tout en faisant semblant de causer de leurs petites affaires de ménage, elles consultaient le prêtre, l'invitaient à visiter quelque malade, ou à célébrer la sainte messe. Parfois même, le Père Sigisbert confessait sur son métier, qui lui servait de confessionnal, aux heures de midi, pendant que Charlin faisait la sieste.

Le Père Sigisbert exerçait aussi son ministère dans les paroisses voisines. On dit qu'il vint parfois jusqu'à Gémonville et Tranqueville.

Deux faits, entre autres, seraient assez curieux, si leur authenticité était bien établie : mais, ils sont empruntés à un almanach. Nous les donnons tels quels.

Une femme, atteinte d'une maladie de langueur qui ne laissait plus d'espoir, désirait se confesser. Mais elle avait peur de son mari, qui n'aimait pas les prêtres, et qui aurait bien pu se porter à quelque extrémité fâcheuse, s'il en avait vu un sous son toit. On vint prévenir le Père Sigis, qui dit aussitôt : « Est-ce que je ne pourrais pas me présenter comme tisserand, sous prétexte de chercher du fil pour faire de la toile ? — La malade y a bien songé, lui répliqua-t-on ; mais elle a réfléchi que ce stratagème pourrait éveiller les soupçons de son mari : car ce n'est guère l'habitude de commander de la toile, quand on est à l'extrémité. »

« Cet homme est donc bien soupçonneux, reprit le Père Sigis ? — Il l'est tant, lui répondit le commissionnaire, que depuis la maladie de sa femme, il a continuellement les yeux sur les étrangers qui arrivent à la maison. » Le Père Sigis réfléchit un instant, puis, trouvant un expédient : « Je ne vois plus qu'un moyen, dit-il, c'est que la malade manifeste le désir d'être ensevelie dans un linceul neuf, fait avec de la toile dont elle-même aura filé le fil. » On convint d'essayer. Le mari trouva bien cette idée un peu extravagante, mais il finit par céder. Le Père Sigis se présenta avec son costume de tisserand, trouva un instant pour causer seul à seul avec la malade, et put lui donner l'absolution. A peine avait-il fini les dernières paroles sacramentelles, que le mari rentrait. Le prêtre était redevenu tisserand, et même tisserand un peu grincheux. « Votre fil est bien faible pour la trame, disait-il, en considérant les écheveaux placés près de lui sur une chaise ; mais on en fera ce que l'on pourra. » La malade mourut le surlendemain, avant d'avoir vu sa toile. Mais elle était réconciliée avec Dieu.

Un autre jour, ce fut près du lit d'une jeune personne que le Père Sigis fut appelé. Cette fois, il n'y avait pas besoin de parler de fil ou de toile, parce que le père de la malade avait consenti à la visite du prêtre. Néanmoins, c'était un homme sans religion. Quand il vit le prêtre seul avec sa fille, il eut la coupable idée d'écouter et d'épier. Une crevasse assez large dans un coin de la taque, lui permettait de voir et d'entendre sans être vu. Il se mit donc aux écoutes, et entendit d'abord la confession de sa fille. Quand ce fut au tour du prêtre de parler, l'espion redoubla d'attention. Mais il fut tout surpris des paroles de piété et d'onction qui sortaient de la bouche du confesseur. Ce fut mieux encore, quand il entendit le prêtre dire à sa fille : « Quant à votre père, témoignez-lui par des marques de respect et d'attachement le regret des torts que vous avez eus envers lui. » A ces paroles de religion et de paix, la dureté de cœur de ce mécréant fut brisée. Sans attendre que l'œuvre du prêtre fût terminée, il s'élança dans la chambre, et dit en pleurant : « Vous êtes un homme de Dieu, et je suis un scélérat. J'étais là, je vous ai écouté, et j'ai tout entendu. Je croyais que vous alliez donner de mauvais conseils à mon enfant, et si cela vous était arrivé, je vous tuais. Vous avez fait tout le contraire... Vous ne sortirez pas de chez moi, avant de m'avoir confessé. » Au lieu d'une absolution, le Père Sigis en eut deux à donner.

Pour ôter tout soupçon à Charlin, et justifier ses fréquentes sorties, le Père Sigis lui laissait entendre qu'il était sur le point de s'établir, et que pour cette raison, il était souvent obligé de s'absenter le soir.

Le Père Sigis avait aussi laissé croire à Charlin qu'il avait des sœurs à Nancy, et il trouvait encore là un motif de s'absenter. Charlin n'y mettait jamais obstacle, ni sa famille non plus. Car, les voyages de son compagnon lui étaient toujours avantageux. Quand il revenait de ses courses, Dominique, ou *Minique,* (c'était le nom qu'on donnait à la maison au Père Sigis) avait presque toujours les poches pleines de douceurs qu'il distribuait aux enfants, et même de toutes sortes de provisions pour le ménage. « Oh ! disait parfois le père Charlin, il faut que ses sœurs soient riches : car il nous rapporte toujours de bonnes choses. »

Dans une des localités où le Père Sigis allait exercer secrètement son ministère, se trouvait un curé constitutionnel qui avait pour gouvernante une de ses nièces. Pour elle, bonne catholique, elle savait trouver le moyen d'échapper à la surveillance de son vieil oncle, en sorte qu'au milieu de la nuit, pendant le sommeil de l'intrus, on disait la messe dans une chambre retirée de la maison.

Quand l'orage révolutionnaire commença à se calmer, que des jours plus tranquilles semblèrent se préparer pour la religion, et que les prêtres fidèles à l'Eglise purent espérer pouvoir se montrer en public, sans exposer leur vie, le Père Sigisbert prit la résolution de quitter la maison de Charlin, et de témoigner à son hôte sa reconnaissance pour l'hospitalité tutélaire qu'il lui avait donnée. Mais auparavant, il voulut lui ménager une surprise.

Un samedi, il lui dit qu'étant en âge de s'établir, il le priait de l'accompagner le soir même dans une localité voisine, et de faire lui-même la demande d'une demoiselle qu'il lui indiqua, et qu'il avait fréquentée, et qu'en cela il lui servirait de père. Charlin, enchanté de cette confiance, et charmé de la commission, met aussitôt son plus bel habit, et part avec son prétendu compagnon. Comme le mot d'ordre était donné à la maison où l'on devait se rendre, un bon souper était préparé. On se met à table, on mange, on boit, on cause, et onze heures arrivent sans qu'on ait dit encore un seul mot du mariage. Charlin trouvait le temps long et avait bien des fois porté ses regards sur son compagnon, attendant le signe convenu pour s'annoncer.

Cependant, le Père Sigisbert était sorti pour faire sa préparation à la Sainte Messe. Il ne rentra qu'à minuit. Priant alors Charlin de le suivre, il le conduisit dans une chambre où était l'autel, et lui demanda s'il voulait servir la Messe. Celui-ci était tout hors de lui-même et ne pouvait en croire ses yeux, quand il vit son prétendu compagnon revêtir les habits sacerdotaux et offrir le Saint Sacrifice. Comme je me suis trouvé à plusieurs reprises avec Charlin chez M. Girot, dit M. Didier, et qu'il me racontait souvent ce curieux épisode, « je lui demandais quelles avaient été ses impressions, dans le moment où le Père Sigisbert avait dit pour la première fois la Messe en sa présence. Il me disait, dans son langage franc, simple et naïf : « Je me sentais pressé de me « jeter à ses pieds et d'embrasser ses souliers. Je voyais « bien auparavant que ce n'était pas un homme ordinaire, « mais je pensais que c'était un noble. »

Cet épisode a été raconté avec diverses variantes. Les uns disent, et leur récit paraît plus exact et plus complet, que Charlin, introduit dans la chambre où le Père Sigisbert s'habillait pour dire la Sainte Messe, le reconnut bientôt, fut tout saisi, puis s'écria : « *C'est not' Dominique !* » Ce serait seulement alors que celui-ci l'aurait prié de servir sa Messe. Il avait eu foi dans Charlin et compris que cet homme était mûr pour une révélation aussi grave. Le Père Sigis ne s'était pas trompé. Charlin vécut toujours en bon chrétien, et le Père Sigis le regardait comme un prédestiné (1).

(1) L'Almanach dont nous avons déjà parlé ajoute à ce récit diverses circonstances romanesques, et donne au maître-tisserand du Père Sigis le nom de Levrot. Mais le vrai nom de ce tisserand était Charles Vigneron, comme nous avons vu.

VII

Le Père Sigisbert après la Révolution. — Il devient Curé de Balléville, de Houécourt, de Châtenois. — Sa Mort et ses Funérailles.

Après avoir quitté la maison de Charlin, le Père Sigisbert se rapprocha de son pays natal. Son plus grand désir eût été de voir l'Ordre des Capucins rétabli en France, afin de pouvoir de nouveau continuer les exercices de la vie religieuse. Ses vœux n'ont pu se réaliser. Quand les Capucins reparurent en France, il n'existait plus. Mais Dieu avait d'autres vues sur lui. Il fallait à ce moment reconstituer le clergé de France, que la Révolution avait presque anéanti. Les prêtres avaient été bien des fois décimés. Les uns étaient morts en pays étranger, où ils avaient été chercher un asile; d'autres avaient succombé dans les régions insalubres de la Guyane ou dans les déserts de Synnamary, où on les avait exilés pour les vouer à la mort. D'autres avaient péri sur les pontons ou avaient été massacrés.

Il y avait bien encore cette partie du clergé qui, par faiblesse ou par crainte, avait faibli dans la foi, et qui désirait rentrer dans le sein de l'Eglise. Mais, parmi ces derniers, il y en avait qui étaient tombés si bas, et qui s'étaient tellement avilis, qu'ils ne pouvaient plus inspirer la moindre confiance aux évêques ni le moindre respect aux fidèles; en sorte qu'au moment du rétablissement du culte, le nombre des prêtres propres au ministère était tellement restreint, que plusieurs étaient obligés de desservir quatre ou cinq paroisses, et cela pendant un temps assez considérable.

Dans l'état où se trouvait l'Eglise, le Père Sigisbert fut heureux de pouvoir accepter une paroisse, puisqu'il ne pouvait rentrer dans son Ordre sans quitter la France. Il devint donc curé de Balléville, dans le canton de Châtenois.

Touché des maux de l'Eglise, et voyant avec une profonde douleur le vide effrayant que le fléau révolutionnaire et douze années qui s'étaient écoulées sans qu'on eût pu recruter le sacerdoce, avaient fait dans le clergé, le Père Sigisbert ne se borna pas seulement à exercer avec zèle le saint ministère dans sa paroisse, mais il fut encore un des premiers à procurer à l'Eglise de nouvelles recrues. Il choisit dans sa paroisse et dans les paroisses voisines un certain nombre de jeunes gens, appartenant aux familles restées fidèles à la foi pendant la Révolution, et chez lesquels il croyait voir des germes de vocation ecclésiastique. Il les réunit dans son presbytère, et sans calculer ses ressources, sans autres moyens qu'une grande confiance en la Providence de Dieu, il se mit à former de nouveaux lévites pour la maison du Seigneur. Plus tard, il fut aidé dans cette œuvre par M. Lalment, ancien avocat (1), et Dieu lui prouva qu'il agréait son œuvre, car il eut des succès. Parmi les jeunes gens auxquels il donna ses soins, trente sont parvenus aux honneurs

(1) M. François-Paul Lalment, huissier à Toul, puis avocat à Commercy, avant la Révolution, était né le 10 octobre 1766. C'était un homme d'une profonde piété et d'un dévouement absolu à la religion. Pendant les mauvais jours, au péril de sa vie et malgré la médiocrité de sa fortune, il donna un asile et du pain à un très grand nombre de prêtres proscrits. Il en eut un jour jusqu'à sept à la fois, cachés dans un hôtel qu'il avait loué tout exprès à Nancy pour les recevoir. Par une ruse ingénieuse, il réussit, en 1797, à faire évader l'abbé Jean Vast, prêtre originaire de la Meuse, que la gendarmerie conduisait de brigade en brigade jusqu'à Rochefort : on lui doit, de cette évasion singulière, un récit très curieux qui n'a pas encore été publié.

Pénétré de vénération pour le Père Sigis, M. Lalment se consacra à la direction du petit collège que cet excellent curé avait fondé à Houécourt. Ce fut un grand sacrifice pour lui, car il était devenu depuis si longtemps étranger aux études de grammaire ; mais le désir d'aider au développement des vocations ecclésiastiques lui fit surmonter sa répugnance. Au reste, comme il avait fait de bonnes classes dans sa jeunesse, il forma d'excellents élèves, qui tinrent les premiers rangs au Séminaire de Senaide, et qui l'ont confondu avec M. Girot, dans un même sentiment de respect et de reconnaissance.

Plus tard, M. Lalment se retira à Portieux, où il mourut comme un

du sacerdoce. Leurs noms sont écrits sur la tombe que leur reconnaissance lui a élevée dans le cimetière de Châtenois (1).

* * *

A la mort de M. Duprey, curé de Houécourt, en 1816, l'abbé Girot lui succéda. Il était curé de Balléville depuis 1804, et desservait la pénible annexe de Courcelles depuis 1809.

Dans sa nouvelle paroisse, il eut bientôt conquis l'estime générale. Un exalté pourtant voulut se distinguer, et dénonça le curé. On ne sait trop quel fut le prétexte de cette

saint, le 10 octobre 1856, 90 ans, jour pour jour, après sa naissance. Il avait rendu de grands services au couvent dans les moments difficiles. Il lui prêta même à fonds perdus, et s'offrit pour servir de secrétaire à M. Feys.

M. Lalment était l'oncle du respectable curé de Dompaire, mort en 1854. (Note de M. l'abbé T***.)

(1) Liste *incomplète* des élèves du Père Sigis :

NOMS	LIEU de NAISSANCE	FONCTIONS
Thiébaut.	Châtenois.	Curé d'Aroffe.
Goudot.	Saint-Remimont.	Prêtre dans les Colonies.
Barret.	Châtenois.	Curé de Balléville.
Durand.	Balléville.	Curé de St-Christop. (Neuf.) puis de Greux
Jacquot.	Balléville.	Curé de Longchamp-s.-Châtenois
Raison.	Balléville.	Curé de Domjulien.
Valette.	Balléville.	Curé des Vallois.
Poirson.	Balléville.	Aumônier de l'hospice de Mirect.
Huot.	Balléville.	Curé de Charmes.
Humbert.	Houécourt.	Curé de ?
Piérot.	Houécourt.	Curé de St-Christophe (Neufch.)
Piérot.	Houécourt.	Curé de Trémonzey.
Vuillemin.	Houécourt.	Mort séminariste.
Sacquin.	Houécourt.	Curé au diocèse de Verdun.
Colin.	Houécourt.	Curé de Senones.
Larcher.	Houécourt.	Curé de Hautmougey.
Descot.	Houécourt.	Curé de ?
Desfourneaux.	Gironcourt.	Curé de Malaincourt.
Maillot.	Châtenois.	Curé de They-sous-Montfort.
L'hôte.	Châtenois.	Curé d'Andernay (Meuse).
Henry.	Châtenois.	Principal du collège de Lamarche
Didier.	Beaufremont.	Curé de Jeuxey.
Thériot.		Curé d'Essegney.
Mairel.	Houécourt.	Curé de Dombrot-sur-Vair.
Mathieu.	Viocourt.	Curé de Rambervillers.
Coince.	Viocourt.	Curé d'Attignéville.
Thirion.	Jainvillotte.	Curé de They-sous-Montfort.

méchanceté, mais ce qu'on a fort bien remarqué depuis, c'est que la malédiction de Dieu s'est appesantie sur la famille de cet ennemi des prêtres.

A Houécourt, comme plus tard à Châtenois, l'abbé Girot soignait son *petit collège,* et s'occupait de former des élèves, surtout pour l'état ecclésiastique.

« Ces élèves, écrivait l'un d'eux, M. Desfourneaux, mort curé de Malaincourt en 1882, étaient formés parfaitement aux cérémonies et au chant de l'Eglise. Grâce à eux, les offices se célébraient avec une si touchante solennité qu'on y allait des villages voisins, surtout aux grandes fêtes, aux Quarante-Heures, aux offices de l'Octave des Morts. Après les privations des temps de la Révolution, on était heureux de revoir ces belles cérémonies, devenues si rares. »

Plein de sollicitude pour les besoins du corps, aussi bien que pour ceux de l'âme, le bon curé fit preuve d'une grande charité pendant la disette de l'année 1817. Le souvenir en est resté vivace à Houécourt.

La paroisse de Gironcourt eut aussi l'avantage de suivre la direction de M. Girot. Ecoutons à ce sujet quelques renseignements fournis par M. Desfourneaux, originaire de Gironcourt : « J'ai beaucoup connu ce digne prêtre... mais j'étais trop jeune alors pour être à même de bien apprécier ce bon pasteur, que j'ai vu desservir Gironcourt et l'annexe [Morelmaison] pendant près de deux ans. Ces deux villages ont été privés de curé, de 1821 à 1823. Ce fut M. Girot qui fut chargé de l'administration de ces deux églises, qui ne pouvaient avoir la messe que tous les quinze jours. Un diacre, sorti de son collège, venait faire les fonctions que son ordre lui permettait de remplir : prêcher, faire les prières, instruire les enfants, etc. M. Girot avait si bien gagné le respect et l'affection de ses nouveaux paroissiens par son zèle, son affabilité, sa bonté, etc., que malgré la privation de la messe du dimanche, une fois par quinze jours, on se trouvait heureux de le posséder.

« Sous l'admininistration de M. Girot, il se fit beaucoup de bien dans la paroisse et dans l'annexe... La foi se réveilla... Un heureux retour vers Dieu se manifesta... On fit des sacrifices pour l'église, dont on meubla la sacristie. Tout ce que demandait M. Girot était accordé. On prenait en bonne part tout ce qu'il disait, et on aurait été désolé de lui faire la moindre peine.

« Il faudrait bien des pages pour raconter tout ce que fit de bien l'homme de Dieu, dans les paroisses qui ont eu le bonheur de le posséder comme pasteur. On disait de lui qu'il était le *bon pasteur,* car il se donnait tout entier à ses brebis. Houécourt, sous sa direction, était le modèle des paroisses de ce pays... comme Dommartin, sous celle de M. Kuttinger, de sainte mémoire (1). »

* * *

En 1823, après la mort de M. Usunier, M. Girot fut nommé à la cure cantonale de Châtenois, qu'il administra jusqu'en 1835. Vers la fin de septembre de cette année, il eut un côté paralysé, et il ne lui fut plus possible de sortir de son lit, quoiqu'il n'éprouvât d'autre souffrance qu'une grande faiblesse, et qu'il conservât toujours ses facultés intellectuelles. Animé d'une patience à toute épreuve, et entièrement résigné à la volonté de Dieu, il savait même consoler ceux qui lui témoignaient leur peine de le voir dans ce pénible état. « Le visitant un jour, et me tenant près de son lit, raconte M. l'abbé Didier, je ne pus lui parler que par mes larmes. Après quelques instants, ce fut lui-même qui chercha à me consoler. Sa faiblesse augmentait de jour en jour : le matin, il ne pouvait presque plus parler. Enfin le 8 décembre, fête de l'Immaculée-Conception, sans douleurs, sans agonie, il s'éteignit comme un flambeau, et s'endormit dans les bras du Dieu qu'il avait tant aimé pendant toute sa vie. Et je crois qu'on a pu dire avec vérité ces paroles écrites

(1) M. Kuttinger est mort curé de Bulgnéville, le 1er novembre 1838.

au bas de son portrait : « Il fut un saint prêtre, le modèle de la plus aimable douceur et de la plus compatissante charité. » On fit ses funérailles le surlendemain de sa mort.

« Je ne puis dire, continue M. Didier, le nombre de prêtres qui se trouvèrent à son enterrement, mais malgré la neige et une gelée assez intense, toute la paroisse et une grande partie des localités voisines voulurent y assister. La Congrégation des hommes de Neufchâteau presque tout entière se transporta à Châtenois, récita aux pieds de sa bière l'office des morts, et plaça sur sa tête une couronne de laurier qu'il a emportée dans son tombeau.

« L'abbé Girot était âgé de 75 ans. Pendant les trois jours qui s'écoulèrent entre sa mort et son enterrement, les traits de son aimable visage sont demeurés sans altération. En le voyant, il fallait réfléchir pour se persuader qu'il était mort, et M. l'abbé Mairel, qui l'arrangea et le couvrit dans son cercueil près de la fosse, fut étonné de trouver ses membres flexibles, comme s'il eût été vivant. C'est la remarque qu'il me fit le soir du même jour, chez lui où j'étais allé coucher, en m'en retournant dans la paroisse de Viviers-le-Gras, où j'étais alors curé. »

M. Girot fut inhumé dans le vieux cimetière de Châtenois, en face de l'église. Ses élèves lui élevèrent un monument, consistant en un fût triangulaire surmonté d'une croix, et précédé d'une grande pierre tombale. Des plaques de marbre blanc ornaient chacune des faces du fût triangulaire. Sur l'une était gravée cette inscription :

CEUX
QUE J'AI ÉLEVÉS
NE M'ONT PAS
OUBLIÉ

Sur la pierre tombale on avait incrusté une grande dalle de marbre noir portant l'inscription latine suivante :

D. O. M.
HIC CORPORE JACET FAMULUS DEI DOM. GIROT,
SACERDOS ET HUJUS PAROCHIÆ RECTOR,
DE ANIMA PROVIDIT DOMINUS
QUI FACIT SALVOS SPERANTES IN SE.
EX MONASTERIO, CUJUS AD PORTUM,
DEO VOCANTE, SE CONTULERAT,
IMPIA NIMIS TEMPESTATE JACTATUS,
PRO CHRISTO FORTISSIMÈ STETIT EXUL IN PATRIA,
ET BONUS NON SIBI SOLI JUVIT INNUMEROS,
AD PROSEQUENDAM VIAM, VERITATEM ET VITAM.
DEHINC PARANDIS AD TREMENDUM
SACERDOTII MINISTRUM ALUMNIS,
COR ET MANUS ADMOVIT.
TAM MULTIS RECTE FACTIS COMMENDATUS,
AC PIUS ET PAUPER, IN SENECTUTE
MORTALEM VESTEM DEPOSUIT,
IMMORTALEM SUMPTURUS.
SIC ADMONENS OPERANDUM
NE FUGITIVI TEMPORIS LABORES PERDANTUR.
SPIRITUS EJUS FILII,
QUORUM TRIGINTA SACERDOTES,
TUMULUM POSUERUNT,
GRATI ET AMANTIS AFFECTUS MEMORIALE.
OBIIT ANNO DOMINI 1835,
ÆTATIS 75, DIE 8ª DECEMBRIS.

REQUIESCAT IN PACE.

Plus tard, les restes du Père Sigis ont été transportés dans le nouveau cimetière et inhumés au pied de la grande croix. La plaque de marbre qui portait l'inscription est brisée de toutes parts. Le monument élevé par la reconnaissance des prêtres n'existe plus et n'a pas été remplacé.

VIII

Les Vertus du Père Sigis. — Sa Charité. — Sa foi. — Sa calme résignation dans les épreuves. — Son caractère.

Aprés le rétablissement du culte, le ministère et le petit

collège n'absorbèrent pas tous les soins de M. Girot. Il avait conservé des relations avec presque tous ceux qu'il avait connus pendant la Révolution. Non-seulement il était pour eux un bon et fidèle ami, mais encore un conseiller prudent. Sa maison leur était ouverte, et ils étaient toujours assurés de trouver une place à sa table. Ce fut au point que M. Mougeot, vicaire-général, peut-être mal informé, crut un jour devoir lui en faire des observations. Quoi qu'il en soit, M. Girot les reçut avec respect, mais il ne put retenir ses larmes.

Bienfaisant jusqu'à l'excès, l'abbé Girot ne savait rien refuser, se rappelant les nombreux services qu'on lui avait rendus pendant la Révolution. Souvent, pour obliger ceux qui étaient dans le besoin, il se mit lui-même à la gêne. Sa main était toujours ouverte aux pauvres, et les dimanches, après la messe, jour où il distribuait ses aumônes à ses paroissiens, « j'en ai compté, dit M. l'abbé Didier, plus de quarante à la fois à sa porte. Il y en avait d'abonnés par semaine ou par mois, sans compter les familles entières qu'il nourrissait presque toujours. Je ne comprenais pas comment il pouvait tant donner. Aussi, pour continuer ses bienfaits, avait-il contracté des dettes, et, vers la fin de sa vie, ses créanciers éprouvèrent des craintes ; mais il sut les rassurer, et ils ne furent pas trompés. »

Le Père Sigis donnait continuellement. A Châtenois, les personnes âgées disent encore : « Il donnait tout, » ou « il ne se laissait rien. » Quand il venait à Auzainvilliers, il donnait à presque tous les enfants : des sous quand il n'avait pas autre chose, et quelquefois des livres.

Un trait de sa charité nous a été conservé par son dernier vicaire, M. Thouvenot, mort curé de Valfroicourt, le 15 août 1876.

Un matin de la dernière année de sa vie, une femme d'Auzainvilliers, sa parente, vint lui demander une somme d'environ 200 fr. Hélas! il ne la possédait pas! Il la refusa donc, mais il en eut des remords très vifs et dit aussitôt à son vicaire : « Monsieur l'abbé, courez donc, courez vite; vous ramènerez cette femme; j'ai mal fait de la renvoyer. Je puis me passer de cette somme : dans quelques semaines, je recevrai mon mandat, je dois la lui donner. » L'abbé se prit à rire. « Comment, dit-il, mais je ne connais pas cette femme ; je ne puis cependant m'adresser à toutes celles que je verrai... En outre, vous êtes au moins aussi pauvre qu'elle : vous ne pouvez en conscience faire de telles largesses. » Le bon prêtre se rendit avec humilité, mais la douleur dans l'âme.

A cause de cette libéralité pour tout le monde, M. Girot était moins aimé de sa famille que son frère le P. Victorin, alors curé de Rainville. Celui-ci était plus réservé dans ses charités, et avait une plus grande aisance dans son ménage : il pouvait donc lui faire plus de largesses. Le Père Victorin (Jean-Claude Girot) mourut dans son presbytère de Rainville, au mois de Juin 1822. Son frère hérita de son ménage, où il y avait surtout beaucoup de linge : ce fut plus tard la principale richesse de son encan. La vénération qu'on avait pour lui, au moment de sa mort, fit que tout ce qu'il possédait fut vendu au poids de l'or ; chacun voulait posséder un objet lui ayant appartenu. On vendait jusqu'à des bouts de planches, grands deux fois comme la main. « J'ai payé moi-même 170 fr., raconte M. Didier, un fourneau qu'il avait acheté 60 fr., trois ans auparavant. » En sorte que son exécuteur testamentaire, M. Lalment, dont nous avons déjà parlé, put remettre aux héritiers une somme encore assez ronde.

L'abbé Girot aimait à visiter les pauvres, les vieillards et les malades. C'était non-seulement pour lui un devoir, mais sa seule récréation. Tous aimaient à le voir entrer dans leurs maisons. Dans sa conversation, il savait les encourager dans leurs souffrances, les porter à la patience, à la résignation et à la volonté de Dieu ; et cette bonté qui s'échappait de son cœur par ses paroles était peinte sur son visage, en sorte qu'on ne le quittait jamais sans être content de lui.

« Il était si estimé de ses confrères, qu'à son enterrement, nous écrit M. l'abbé Rolin, vicaire d'Escles, on célébra « soixante-trois messes » dans l'église de Châtenois. »

* *
*

Citons encore quelques faits recueillis çà et là. Le premier peint bien l'homme et nous a été conservé par M. Desfourneaux. Un soir, à la tombée de la nuit, M. Girot, alors curé de Châtenois, revenait d'une petite course de charité. Il trouva un de ses paroissiens étendu sur le chemin, à la suite de trop copieuses libations. Que faire? Laisser là cet homme par un temps froid et pluvieux, c'était peut-être l'exposer à la mort. L'homme de la charité débarrasse l'ivrogne de sa hotte, le relève, le met en équilibre tant bien que mal, met la hotte à son dos et prend le *malade* par le bras pour le soutenir dans sa marche mal assurée. C'est ainsi qu'il parvint, nuit close, à la porte de la maisonnette. En entendant clancher la porte, la femme, qui soupçonne bien l'état dans lequel rentre son mari, commence à l'injurier; mais bientôt les gros mots s'arrêtent, quand elle aperçoit aussi le pasteur. M. Girot profita de l'occasion pour donner un bon conseil à cette femme, et lui apprendre ce qu'elle avait à faire, si pareille circonstance se représentait. La leçon fut surtout profitable pour le mari. Quand il se rappela, le lendemain matin, les diverses péripéties de la veille, il en conçut une telle honte, et fut en même temps si touché de la délicatesse et de la charité du bon curé, qu'il fut désormais corrigé.

Un autre jour, racontait en 1876 M. Friant, curé de Pulligny, — d'après M. Clément, son prédécesseur, qui fut curé de cette paroisse pendant près de 40 ans — le Père Sigis, alors compagnon de Charlin, revenait de Nancy où, sous prétexte d'aller voir ses sœurs, il allait souvent exercer le saint ministère. En repassant par Flavigny, il se heurta contre un groupe de personnes qui s'apitoyaient sur le sort d'un pauvre jeune homme qu'un gendarme venait d'arrêter, sous prétexte que ses papiers n'étaient pas en règle. Notez qu'ils l'étaient parfaitement. Le Père Sigis, voyant le jeune homme ému, terrifié, versant des larmes, demanda à voir les papiers et les lut à haute voix. Le gendarme, qui ne savait pas lire, fut tout honteux de son coup, et se hâta de relâcher le jeune homme, qui s'en alla joyeux et plein de reconnaissance pour son libérateur.

* * *

« Le Père Sigis n'était point un orateur d'académie, dit à son tour son dernier vicaire, M. Thouvenot, mais il était un orateur évangélique, éminemment populaire. Il avait fait de très bonnes études, et possédait une incomparable expérience. Il était pratique par dessus tout ; sa bonté, son égalité d'âme, l'originalité qu'il avait de nature, et qui s'était développée dans le milieu tout populaire où il avait vécu pendant la Révolution, donnaient à sa parole un grand attrait et un cachet inimitable. Il était très simple, mais jamais trivial. »

C'était la coutume, au commencement de ce siècle, que dans chaque canton un prêtre fit une instruction à la Messe, le jour où l'on distribuait les Saintes Huiles. On dressait un procès-verbal de la cérémonie. Or, on lit dans les registres de la paroisse de Châtenois, qu'une certaine année, l'abbé Girot ayant donné le sermon, le fit avec distinction et mérita les éloges unanimes. Le procès-verbal est signé de tous les prêtres du canton, sauf l'abbé Sigis. Cependant, les autres années, tous les prêtres présents apposaient toujours leur signature au procès-verbal, le prédicateur comme les autres. Cette remarque fait autant d'honneur à la modestie qu'à l'éloquence du Père Sigis.

« Pendant toute sa vie, reprend M. l'abbé Didier, il avait fait profession d'une vraie, solide et sincère piété. Elle se montrait dans toutes ses démarches et dans toutes ses paroles, mais il sut encore la redoubler dans ses dernières années. Chaque fois qu'on entrait dans sa chambre, et qu'il était seul, on était toujours assuré de le trouver, la *Vie des Saints* à la main. En 1829, ayant assisté à la retraite ecclésiastique prêchée par le R. P. Chaignon, au Séminaire de Saint-Dié, il répétait avec une sainte joie: « Que je suis heu« reux d'avoir été appelé à la retraite! Sans cette retraite, « je me serais peut-être perdu. »

Ses paroles étaient toujours l'expression d'une foi extrêmement vive, et on peut dire sans crainte de se tromper, qu'il avait une foi héroïque.

Quelque temps avant la Révolution de Juillet, ceux qui voyaient l'attitude de l'impiété et sa puissance en France, s'attendaient à une persécution. « J'étais au Petit Séminaire de Senaide, dit M. Didier ; je lui écrivis pour lui exprimer mes craintes, surtout à cause de sa vieillesse. Il me répondit avec un peu de vivacité : « Mon cher enfant, je te dispense de « craindre pour moi. Quelque âgé que je puisse être, si l'en« nemi de la religion venait à prévaloir, je ne craindrais pas « de me montrer pour la défendre, et de monter à l'échafaud, « s'il le fallait. Mais ne crains pas. *Malitia diei sufficit.* »

Il vit arriver cette Révolution de 1830 avec peine, mais sans en être intimidé. Il la prévoyait depuis plusieurs années. Il fut encore persécuté et calomnié. Malgré sa pauvreté bien connue, il fut accusé par quelques-uns de ses paroissiens, dupes de la Franc-Maçonnerie, d'avoir donné quatre mille francs pour appeler les étrangers en France. Les révolutionnaires d'alors, comme ceux de nos jours, se servaient avantageusement de ce moyen, pour jeter le discrédit sur le clergé et ruiner son autorité sur les peuples.

Un de ses anciens élèves, appelé Laurent, nommé à cette époque sous-préfet à Neufchâteau, poussa l'ingratitude envers son ancien maître, jusqu'à faire suspendre son traitement. Mais le bon prêtre en apprit la nouvelle avec tant de calme qu'il ne proféra pas même une seule parole de plainte.

Au moment où trois ou quatre exaltés, suivis d'une troupe

d'enfants, promenaient le drapeau tricolore dans Châtenois, en criant : *Vive la République !* il considérait avec un rire de pitié cette scène burlesque, de l'embrasure d'une fenêtre de son presbytère. « J'étais à côté de lui, dit encore M. l'abbé Didier, et je lui demandai ce que tout cela donnerait : « Tu vois bien, me répondit-il, que ce ne sont que deux ou trois enfants avec des enfants qui s'amusent, et que dans la population, on n'aperçoit pas le moindre enthousiasme. Ils n'ont rien à nous prendre. Ah! si tu avais vu à la première Révolution ! Quel enthousiasme dans tout le peuple, au moment où pour la première fois on vit paraître ce drapeau, où on publiait l'abolition de la dîme, le partage des biens communaux et la vente des biens de l'Eglise ! Il y avait là de quoi s'effrayer. L'appât était attrayant pour les révolutionnaires. Mais aujourd'hui, nous n'avons plus rien, ils ne peuvent rien nous prendre. Voilà la différence de la scène et de ses résultats. »

* *
*

L'abbé Girot était alors âgé de 70 ans, et les cinq années qu'il vécut encore furent remplies de bien des peines. Il était devenu lourd, pesant ; il ne pouvait plus marcher que difficilement. Une famille qui lui avait témoigné de l'affection, et lui en témoignait encore en apparence, travaillait secrètement à le faire sortir de sa paroisse. M. Didier, et M. Thouvenot, son vicaire, lui découvrirent le piège. Il ne pouvait y croire, et les faits seuls purent l'en convaincre. Ce qui le peina davantage, ce fut de voir un de ses anciens élèves servir d'instrument à ces menées traîtresses. Néanmoins, le bon curé n'avait dans le cœur aucune amertume contre personne, même après de tels procédés. Il se contenta de décliner les invitations perfides, et de dire à cet élève ingrat qu'il lui était bien pénible de le savoir l'auteur des peines qu'il éprouvait dans sa paroisse.

Pendant les dix années si pénibles de la Révolution, le Père Sigis avait dû mener une vie si exceptionnelle, et si en dehors des habitudes ordinaires, qu'une telle manière de vivre avait laissé quelques traces dans son caractère et dans sa manière d'agir. Pour se soustraire à la mort, il lui avait fallu une grande vigilance et bien des expédients. On cite même certain cas ineffable, où poursuivi en pleine campagne par les gendarmes, et désespérant de leur échapper, il s'arrêta bravement sur la route, entre Sandaucourt et La Neuveville-sous-Châtenois, dit-on, la face tournée vers la berge, estimant qu'il valait mieux passer pour un grossier paysan que de s'exposer à être reconnu et arrêté. Pendant dix ans, il vécut caché, ne voyageant guère que la nuit, ou sous un déguisement. Une telle vie avait imprimé dans son caractère une habitude de laisser-aller, qui pouvait paraître étrange à certaines personnes, mais qui plaisait beaucoup aux gens de la campagne.

IX

Complément des Chapitres précédents. — Le Père Sigis dans la Famille Châtelain. — Epilogue.

Citons encore quelques traits qui nous ont échappé dans le cours du récit.

Pendant les jours de la Terreur, le Père Sigis habita souvent son pays d'origine ou les environs.

A Bulgnéville, c'était chez les demoiselles Bastien qu'il célébrait la sainte messe. Leur maison nouvellement reconstruite, s'élève en face de la fontaine, dans la rue qui conduit à Neufchâteau. Quand le Père Sigis arrivait, une de ces demoiselles courait avertir une de ses parentes de Morville, qui venait pendant la nuit assister au Saint Sacrifice. C'est la propre fille de cette femme de Morville qui a rapporté ce fait les années dernières.

Le R. P. Adelphe Châtelain, prieur de la Chartreuse de Sélignac (Ain), ancien curé d'Eloyes, nous a aussi conservé de précieux souvenirs du Père Sigis, et nous les a communiqués avec obligeance. Nous les reproduisons ici, pour l'édification de nos lecteurs. « J'ai beaucoup connu, dit-il, le Père Sigis. Il m'a souvent fait danser sur ses genoux, pendant qu'il racontait à mes parents, comment, à tel ou tel jour, il avait échappé à quelque danger, soit à Sandaucourt, soit à Jainvillotte. Dans cette dernière localité, c'est chez mon grand-père Châtelain qu'il se cachait. Je n'ai jamais douté que c'est à lui que je suis redevable de la vocation sacerdotale, et surtout de ma vocation à la vie religieuse.

« Dénoncés par les jacobins du lieu, mes grands parents virent bientôt leur maison cernée. Quand les gendarmes frappèrent à la porte, ce fut le Père Sigis qui vint l'ouvrir, en contrefaisant l'idiot. Les gendarmes, pour le séduire, lui offrirent un écu de six livres, qu'il leur arracha des mains et qu'il se mit à baiser, comme ferait un enfant. « Nous savons, lui dirent-ils, qu'il y a un prêtre caché chez vous; conduis-nous où il est. » — « Oui, oui, répondit-il, venez. » Il les conduisit là où il avait passé la nuit. « C'est là, dit-il, j'en suis certain, je l'y ai vu, je lui ai même éclairé pour se coucher. » C'est alors que les gendarmes, furieux de voir leur proie leur échapper, conduisirent mes grands parents dans la prison de Neufchâteau, d'où ils ne sortirent qu'après la chute de Robespierre.

« Il m'est resté de ces fréquentes visites du Père Sigis à ma famille de nombreux souvenirs, mais ils sont si lointains, et j'étais si jeune alors, que je crains de confondre la légende avec l'histoire, par exemple, les messes dans une grotte de la forêt de Circourt, grotte remplie de vipères, qui n'ont jamais mordu personne.

« J'ai aussi entendu raconter souvent à mon père que le Père Sigis ayant fait faire la première communion à des enfants de Sandaucourt, dans une maison qui appartenait à ma famille, et qui est même habitée par une de mes nièces, n'eut que bien juste le temps de quitter les ornements sacerdotaux, de franchir une petite fenêtre d'écurie, pour gagner la campagne du côté de Saint-Remimont. Poursuivi par les gendarmes et atteint par l'un d'eux, qui avait gagné de vitesse sur son camarade, juste au moment où il se croyait sauvé, car il touchait au bois de Conré, le gendarme lui dit : « Ah ! cette fois, calotin, je te tiens ! » Déjà, il allongeait le bras pour le saisir, quand le bras resta paralysé. Touché par ce prodige, le gendarme lui dit : « Sauvez-vous, malheureux ! prenez tel chemin ; quand mon camarade arrivera, je lui en ferai prendre un autre. » Ce qui fut fait, et le bras fut guéri sur-le-champ, et le cœur du gendarme fut changé. »

Plusieurs fois des révolutionnaires avaient dénoncé le courageux confesseur. La Providence qui veillait sur lui ne permit pas qu'il fût arrêté. Après la Révolution, M. Mangin, greffier de paix à Châtenois, disait à M. Girot : « Pendant la Révolution, on nous envoyait vous chercher. Mais le juge de paix et moi, nous faisions nos perquisitions dans la maison voisine de celle où l'on vous savait caché. »

La réputation du Père Sigis s'est conservée jusqu'à présent, dans les pays qu'il a évangélisés comme curé.

Le trait suivant en est une preuve. Il y a un an ou deux, M. le vicaire de Châtenois visitait un malade, bien disposé du reste, qu'il préparait à la mort, et auquel il avait administré les derniers Sacrements. La conversation était toujours pieuse. Dans une des dernières visites qui précédèrent la mort de ce bon chrétien, celui-ci, les larmes aux yeux et d'un air profondément recueilli, fit un effort sur son lit, montra au prêtre l'unique gravure appendue au-dessus de son lit et dit : « Tenez, Monsieur l'abbé, voilà mon homme ! » Il désignait ainsi le portrait du Père Sigis, son ancien curé.

Terminons en citant encore une fois M. l'abbé Didier :

« Voilà, dit-il, un petit abrégé de la vie du Père Sigisbert.

Il y a une multitude de faits qui ont échappé à ma mémoire; mais j'atteste que tout ce que j'ai rapporté, je l'ai entendu, surtout de sa propre bouche, ou bien je l'ai vu de mes propres yeux. J'ai vécu pendant trois années entières avec lui, et pendant sept vacances de séminaire. Dans toutes les réunions où je l'ai vu avec ses confrères, on aimait toujours à lui faire répéter son histoire. C'est une espèce de drame qui intéressait les auditeurs, par les positions si singulières et souvent si périlleuses où il s'était trouvé. Il ne se faisait pas prier, et il y avait dans sa manière de raconter quelque chose de si droit, de si simple, de si attrayant et de si naturel, qu'on l'écoutait toujours avec un nouveau plaisir et un nouvel intérêt. Et il y avait tant de droiture et de vérité dans sa belle âme, que lorsqu'il arrivait à certains traits dont nous avons parlé, l'émotion s'emparait de son cœur, et se manifestait par des larmes qu'accompagnaient presque toujours aussi celles de ses auditeurs. »

La vie du Père Sigis n'est qu'un épisode dans l'histoire de nos prêtres de la Révolution. Que de beaux exemples, que de traits héroïques, aujourd'hui oubliés, nous ont été laissés par nos pères dans la foi! Prions le Dieu qui les a soutenus de nous donner sa grâce, afin que comme eux nous soyons toujours fidèles à Dieu et à sa sainte Eglise.

* *
*

Il y aurait bien à reprendre dans ce travail, surtout au point de vue chronologique. Les faits ont été recueillis dans des conversations, puis groupés un peu à l'aventure. « Mes notes, écrivait lui-même M. l'abbé Didier, ont été faites à la hâte : peut-être plus tard pourrai-je les retoucher. Toutes brutes qu'elles sont, elles peuvent encore servir d'aliment à mon amitié et à ma reconnaissance pour un prêtre qui a été si bon pour moi. » Nous n'avons pas toujours assez tenu compte de cet aveu, et nous ne nous sommes pas assez défié de certains groupements de faits qui sont vrais isolément, mais qui jurent de se voir ainsi rapprochés.

Quelques épisodes nous semblent aussi avoir subi de légères altérations ou exagérations. Nous tenons surtout à faire ces observations au sujet de celui de la guillotine, à Nancy, dans le chapitre III.

Il est certain qu'il y eut à Nancy, surtout dans le courant d'avril et de mai 1793, des visites domiciliaires minutieuses et fréquemment réitérées, qui amenèrent la découverte et l'arrestation de plusieurs prêtres. (Voir l'*Histoire du diocèse de Nancy,* par M. Guillaume, tome V, page 195.) Nous savons aussi que le 20 Juin 1794, M. l'abbé Maximilien Hadol, de Remiremont, curé de Gemmelaincourt, fut condamné à mort par le tribunal révolutionnaire de Nancy, et guillotiné le lendemain, un samedi. (*Semaine Rel. 1882,* pag. 264 et suiv.)

D'autre part, nous ne pouvons douter de la véracité du Père Sigis, lorsqu'il racontait plus tard cet épisode si curieux de sa vie, cette promenade nocturne un dimanche soir, cette ascension sur l'échafaud, et cette introduction clandestine de sa tête dans la fatale lunette. Mais comment agencer tout cela? C'est ce qui nous paraît aujourd'hui bien difficile.

En effet, nous ne connaissons pas d'autres prêtres guillotinés à Nancy, que M. Hadol et M. Collet, le 23 Octobre 1793, un mercredi. Ce dernier, il est vrai, fut arrêté, à la suite de perquisitions domiciliaires; mais il ne paraît pas qu'on l'ait mis à mort le lendemain de son arrestation.

Le récit de M. Didier est donc infidèle dans quelques détails.

FIN

Encore le Père Sigis

Nous s ommes heureux d'ajouter aux pages qui précèdent la communication suivante :

« Monsieur le Rédacteur [1],

« La vie du Père Sigis est vraiment merveilleuse; mais combien de faits édifiants, de détails intéressants sont perdus ! D'autres vous arriveront encore, mais il en est un que je me reprocherais de ne pas recueillir.

« Voici ce qu'on rapporte dans les environs de La Neuveville-sous-Châtenois. Est-ce une variante de ce que vous avez si délicieusement conté, ou une histoire différente, je l'ignore.

« Le Père Sigis était chez l'un des plus enragés *patriotes* du pays. On l'entendait discuter vivement une commande de toile. L'affaire se traitait au *poële,* et le mari se trouvait à la cuisine. Bientôt l'on parle moins fort, le révolutionnaire, qui avait déjà quelques soupçons, se met en observation, et découvre que sa femme se confesse.

« Quand la porte s'ouvrit, le *patriote* apprit que *l'affaire était conclue*. La femme ajoute qu'il faut donner un boisseau de blé au *tisserand.*

« — Fou l'y en in r'seau ! » (donne-lui en un resal) dit-il brusquement. Le chrétien avait été plus fort que le révolutionnaire.

« Naturellement, la femme ne se le fit pas dire deux fois.

« Ch. Pierfitte. »

(1) La notice sur le Père Sigis a d'abord paru dans la *Semaine Relig.*

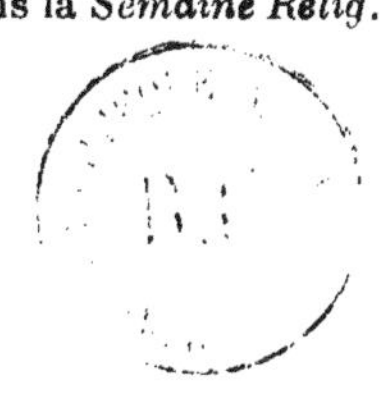

TABLE DES MATIÈRES

St-Dié, Imp. L. Humbert.

www.ingramcontent.com/pod-product-compliance
Ingram Content Group UK Ltd.
Pitfield, Milton Keynes, MK11 3LW, UK
UKHW020409180726
13839UKWH00003B/1280